AF603130

PREMIERES HOMELIES EVCHARISTIQVES

DE

MESSIRE IEAN PIERRE CAMVS, EVESQVE ET *Seigneur de Belley.*

Preſchées à Paris, en l'Egliſe de S. Mederic, l'Octaue de l'an 1617.

A PARIS,
Chez CLAVDE CHAPELLET, ruë ſainct Iacques, à la Licorne.

M. DC. XVIII.

Auec priuilege du Roy.

A

MONSEIGNEVR L'ILLVSTRISSIME ET REVERENDISSIME CARDINAL du Perron, Archeuesque de Sens, Primat des Gaules, & de Germanie, Grand Ausmonier de France.

MONSEIGNEVR,

L'offre que ie vous fay ne peut estre iudicieuse, puisque si temeraire, mais d'vne temerité toute pleine d'Amour, Amour qui a bien assez de courage pour oser, mais non assez de jugement pour discerner ce qu'il ose. A vn tel homme, si peu de chose! certes si ie n'auois beaucoup d'affection, j'aurois beaucoup de con-

fusion. C'est peu de chose si vous regardez le traitteur, mais grande si vous considerez le sujet dont il traitte. Le Phœnix de la terre & du ciel ne pouuoit s'incendier, ny en quelque sens s'engendrer, que dans le Soleil des Sacremens: & le Soleil des Sacremens ne pouuoit tomber en de meilleures mains, que celles du Phœnix, & du Soleil des sçauans de ce siecle. Ie ne donne pas ce liure à vostre Nom, mais vostre Nom à ce liure, non pour me desgager vers l'amitié qu'il vous plaist de me tesmoigner, mais pour vous engager à la continuation. Ie ne dis rien icy qui vous soit nouueau, car quelle chose vous pourroit estre nouuelle? ce que vous ignorez nul le sçait. Souffrez que j'apporte de l'eau de Bethleem (& qu'est le Sauueur en ce Sacrement, sinon vne eau espanchee en la cité du pain?) au grād Dauid, le dompteur des Geants qui brauent l'armee d'Israël. Endurez que cette Octaue resonne soubs voſtre Harpe : c'eſt vn Diapaſſon qui ſe preſente à la plus haute voix du monde, & qui peut aller au Diſdiapaſon de l'humaine ſcience. Si i'ay osé choiſir vn ſi digne obiet à ma plume (laquelle certes a faict en cela vn eſſor trop hautain) voyla qu'elle ſe plie ſoubs le tranchant de voſtre correction, car c'eſt en l'humilité de cet eſprit que ie vous appends cet ouurage. Viuez heureux, MONSEIGNEVR, à la gloire de Dieu, à l'honneur de l'Egliſe vniuerſelle, au bon-heur de la Gallicane, à la ſplendeur du pourpre qui couronne voſtre zele, au ſouſtien de l'Eſtat, à l'ornement des lettres, à l'appuy des lettrez, à la terreur de l'hereſie, à la conuerſion des errans, à la conſolation des fidelles. Ce ſont les vœux de,

MONSEIGNEVR,

Voſtre tres-humble & tres-affectionné ſeruiteur,

IEAN PIERRE E. DE BELLEY.

TABLE DE CES PREMIERES HOMELIES EVCHARISTIQVES.

PREMIERES HOMELIES EVCHARISTIQVES DE

Messire IEAN PIERRE CAMVS, *Euesque & Seigneur de Belley.*

IEVDY.

Du Triomphe de l'Eucharistie.

HOMELIE I.

Hic est panis qui de cœlo descendit. Ioan. 6.

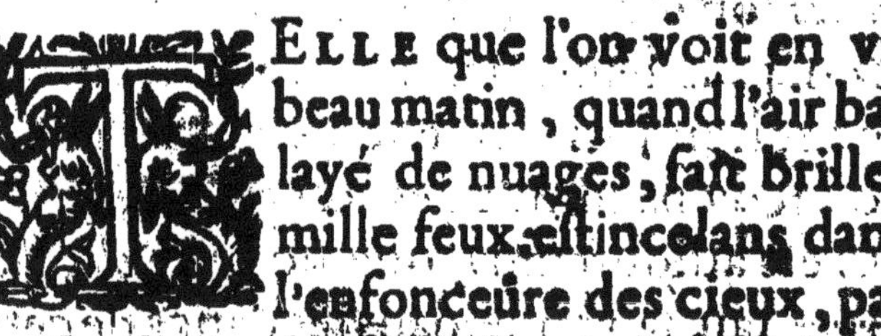

TElle que l'on voit en vn beau matin, quand l'air balayé de nuages, fait briller mille feux estincelans dans l'enfonceure des cieux, paroistre la gratieuse Aurore, ornée de couleurs diuerses, le sein couuert de roses, & plein d'vne douce rosée qu'elle espluye sur la sur-face de la terre pour la nourriture des fleurs; tousiours s'aduançant en lumiere, iusques à ce q̃ de ses flancs radieux sorte le Pere de toute splendeur, le bel astre du iour, qui chassant les tenebres, & dissipant les ombres nocturnes, dont le noir rideau emmanteloit toute la face de l'Vniuers, rend la couleur aux choses, animant & reuigorant tout par son aymable presence, *rien n'estant caché à sa lueur & à sa chaleur.* Telle & plus agreable me semble paroistre auiourd'huy la saincte Eglise, non ja Militante, mais comme Triomphante, Eglise specieuse *comme vne Aube qui se leue, belle & claire comme l'argent de la Lune, esleüe & radieuse comme le Soleil, & mieux compassée en ses rangs qu'vne armée mise en ordonnance.* Car c'est en ce beau iour qu'elle faict vne monstre generale au *Dieu des armées* son espoux, & qu'elle se fait voir en son plus haut appareil, pour accompagner honnorablement le char triomphãt du Roy pacifique des cœurs & des ames. C'est auiourd'huy que nostre *Soleil d'Orient* fait sa ronde dans les flancs de cette Aurore, l'Eglise *appellée le royaume des cieux, & le ciel des cieux.* Auiourd'huy pouuons nous entonner par acclamation auec le

Cant. 6.

Roy des chantres, *Le Seigneur eſt en ſon ſaint temple, le Seigneur a ſon ſiege dedans les Cieux, ſes yeux regardent le pauure , & ſes paupieres interrogent les enfans des hommes.* Ce triomphe ſolemnel & anniuerſaire ſera comme l'obiect de nos yeux, celuy de vos penſées, & de mon diſcours, que ie commence, ſi premier nous ſalüons celle qui eſt incomparablement plus vermeille que l'Aurore, plus pure que la Lune , plus brillante que le Soleil , plus puiſſante qu'aucune armée. *Aue Maria.*

LA pompeuſe magnificẽce de cette ſolemnité, mes tres-amiables freres & ſœurs en I. Chriſt noſtre Seigneur, nous ſemble cõuier de vous entretenir du Triomphe Euchariſtique; ce que nous ferons donc, conſiderans 1. ce Triõphe en ſoy, 2. le remirans à l'õbre des hõneurs figuratifs que les Hebrieux deferoient iadis à leur Arche d'Alliance. 3. nous admirerons la douce bonté de noſtre cher Ieſus qui daigne en ce Sacrement tres-adorable conuerſer ſi priuément auec nous, proteſtant d'y vouloir *Mat.28.* reſider iuſques à la conſommation du ſiecle. Venons.

I. *Et moy Iean ie vis la sainĉte Cité de Hierusalem nouuellement descendue du Ciel, paree de la propre main de Dieu comme vne ieune mariée qui se prepare à la reception de son Espoux, & j'entendis vne puissante voix qui disoit du haut des Cieux, voyla le Tabernacle de Dieu auec les hommes, & il habitera auec eux, & ils seront son peuple, & Dieu sera leur Dieu.* Vision excellente & qui tient vn notable rang emmy les insignes reuelations dont le grand Prophete de la nouuelle Loy va composant son admirable Apocalypse: ces paroles si graues meritent d'estre serieusement ruminées & pondereusemẽt balancées, ie vous supplie donnons nous le loisir de les examiner. Que veut dire cette preface authentique *& moy Iean*, authentique, car ce diuin Apostre si bien appris en l'eschole d'humilité, en l'Academie de l'abieĉtion, & qui en son Euangile sçait si bien couurir son nom sous les fueilles de ceste periphrase *du disciple que Iesus honnoroit de son amitié*, Mais comment a-t'il tant à coup changé de langage se nommant hautement, *comme parlant auec auĉtorité*, soustenant son dire par la dignité de sa personne, si ie ne me trompe ce

Apoc. 21.

Iean. 21.

beau nom de *Iean*, qui ſignifie grace de Dieu, nous veut enſeigner que pour bien penetrer le fonds du myſtere qu'il veut declarer, il eſt beſoin d'vne grace ſpeciale de Dieu. Mais que voit-il cet homme Angelique, cet Ange humain ? certes il me ſemble que i'apperçoy en ſon diſcours comme ſur le recam d'vne tapiſſerie de haute lice, la naïfue peinture de la Feſte que nous ſolemniſons en ce beau iour auec tāt d'appareil & de pompe. Il voit la ſaincte cité fraiſchement deſcenduë des cieux, & quelle eſt cette cité, ſinon l'Egliſe ſainte en terre comme au ciel, l'vnique de ſon vnique, & la bien-aymée du bien-aymé des bien-aymez ? *Cité ſacrée, de laquelle on ne peut dire que choſes glorieuſes.* Il l'appelle *Hieruſalē viſion de paix*, oüy, car bien que l'Egliſe de la terre ſoit en guerre perpetuelle, & pourtant Militante, ſi eſt-elle parmy ſes combats comblée d'vne grande paix & conſolation, & ce luy ſeroit vne *paix trop plus amere* ſi elle ne combattoit pour le ſeruice & la gloire de ſon eſpoux, & puis elle eſt ſœur germaine de la Triomphante Sion, de la Sulamite pacifique : ce ſont ces deux ſœurs Lia & Rachel qui ont pour com-

Pſal. 86.

Pſalm. 38.

Geneſ. 29.

mun mary vn mesme Iacob. Or ne diriez vous pas qu'en ce iour les deux cœurs de ces deux sœurs *s'entrebaisent comme la Iustice & la paix*, faisans à l'enuy à qui le caressera, l'hõnorera, le cherira d'auãtage pour acquerir *par vne saincte emulation* ses bonnes graces & faueurs : ouy, vous diriez à voir les carrefours ornez de tant de festons, d'arcs triomphaux, & de corniches, les ruës tapissees de tant de richesses, les reposoirs agencez auec tant d'industrie, les Temples si magnifiquement reuestus, ou que la terre veut contr'imiter le ciel; ou que le beau Paradis *inclinant le ciel de sa grandeur est descendu pour quelque temps en terre*: c'est ce que semble insinuer nostre texte, où le Sauueur se nomme *le pain vif descendu du ciel* pour se cõmuniquer aux enfans de ceste Espouse nouuellement venuë des cieux. Mais escoutons la suitte, combien ceste chere Amante doit-elle estre agreable aux yeux de son cher bien aymé, puis que luy-mesme de sa main propre, de sa benitte main *qui a faict toutes choses*, a daigné l'attifer & accommoder à sa fantaisie, luy donnant des habits aduantageux, comme Isaac à sa chaste Rebecca, pour luy venir au rencontre. O mes tres-chers

Genes. 24.

freres, ſi vous ſçauiez combien ces magnificences ſont plaiſantes à l'Eſpoux de nos cœurs, & comment il iuge de noſtre interieur par les ornemens exterieurs, deſquels nous decorons ſon triomphe en ce beau iour, ie m'aſſeure que chacun à qui mieux mieux taſcheroit de bien orner le frontiſpice de ſa maiſon, pour attirer ſa benediction en ſon paſſage. *Car bien que la gloire de la fille du Roy*, l'ame pieuſe, *ſoit interieure en ſes agrafes d'or*, ſi eſt-ce que les atours exterieurs ne laiſſent d'auoir leur eſtime & leur prix deuant celuy qui met *vn verre d'eau froide donné en ſon nom*, en ligne de cõpte. *La Royne*, dit le grand Chantre, *paroiſt à la droitte du Roy en veſtement de brocatel, recamé d'vne broderie de belles varietez.* Et l'Amant ſacré ne dit-il pas à ſon Eſpouſe en ſon Epithalame, *qu'il la faict bon voir cheminer auec ſes beaux patins.* Que ſi nous Cant. 7. preſtons l'oreille à ceſte voix eſclatante, qui fiert du haut des cieux celle de noſtre Euangeliſte, nous cognoiſtrons clairement comment le myſtere que nous celebrons eſt declaré; car qu'eſt ie vous prie la tres-ſaincte & tres-adorable Euchariſtie ſinon le *vray Tabernacle de Dieu auec les hõmes?* Si mieux nous n'aymons dire que ce n'eſt

pas tant le Tabernacle de Dieu, que le Dieu du Tabernacle, ou si vous voulez, le Tabernacle Dieu, ou Dieu caché soubs le manteau ou tabernacle des saincts especes. *O Iacob que tes pauillons sont beaux! O Israel que tes tabernacles sont delicieux! que*
Psalm. 83. *vos tentes sont aymables! Seigneur Dieu des Vertus, mon ame se pasme du desir de les posseder.* Acheuons auec nostre Apostre, & disons que par le moyẽ de ce tabernacle, le plus excellent chef-d'œuure des diuines inuentions, le Seigneur *habite* reellement *auec nous, estans faicts son peuple, comme il est nostre Dieu*, selon la verité de son infaillible parole, par laquelle il a declaré que *celuy qui mange sa chair, & boit son sang demeure en luy comme il le reçoit chez soy.* O que bienheureux *est le peuple duquel le Seigneur est*
Genes. 28. *Dieu! Le Seigneur me sera Dieu*, disoit le bon Iacob, *s'il me donne du pain pour viure, & s'il me conserue en mon chemin.* O mes freres, combien plus puissamment deuons-nous dire que *Iesus* est nostre Dieu, qui nous donne le pain vif *descendu du ciel*; son sacré corps, & nous le donne au passage de ceste vie en tel & si facile vsage, qu'il est communément appellé *Viatique.* O que benie soit à iamais vne si douce bonté!

Mais que retribuerons-nous au Seigneur pour vn si grand bien-faict, qui comprend en soy non seulement tous les autres, mais le bien-faicteur mesme: il n'en exige point d'autre recognoissance que de nous en voir vser souuent, *receuans ce Calice salutaire en inuoquant son sainct Nom: mais l'inuoquant* Psalm. 115.
& luy rendant nos vœux pudiquement deuant tout son peuple, és paruis de sa maison, & emmy les ruës & carrefours de Hierusalem. Ce que ie voy que tu practiques en ce iour sacré, ô tres-honorée ville de Paris, auec tant de respect, de zele, & d'edification, que vrayement on peut dire de toy, que pour ton insigne pieté vers le tressainct Sacrement *plusieurs filles*, & disõs plusieurs villes, *ont amassé beaucoup de richesses, mais nulle t'esga-* Prou. 31.
le en magnificence & splendeur. Sus, *loue ton Seigneur*, nouuelle *Hierusalem*, *loue ton Dieu*, nouuelle *Syon*, *puisqu'il a fortifié les gonds de* Psal. 147.
tes portes, te rendant inexpugnable, *te benissant au nombre de tant d'enfans*, en vne si grande multitude de peuple, *il a mis la paix en tes enuirons*, limitant de tranquillité les termes de ta circonference, *en te rassasiant de la graisse du froment*: & quel est ce froment gras sinon ce pain vif & celeste, dont la substance est changee en celle de la chair

& du ſang du Sauueur, *Froment eſleu entre mille, & vin qui germe les vierges.*

Cant. 3. *Sortez donc filles de Syon*, ames pieuſes, mais iſſez de vous meſmes par vn ſainct transport, & *venez voir le Roy Salomon* auec ſa *Sulamite pacifique, reueſtus de leurs diademes*, & parez de leurs plus riches atours *en ce iour de leurs eſpouzailles, & de la lieſſe de leur cœur.* Venez ames bien nées, & contribuez vos chants de triomphe à la ſolẽnité de ce iour, que l'air retentiſſe au reſonnement d'vn joyeux Thalaſſion. *Vierges*

Math. 25. *prudentes preparez vos lampes*, que l'on allume vn monde de flambeaux & de torches pour decorer ceſte arriuee de l'Eſpoux, le *voicy qui vient, allons luy au deuant*, donnons luy *benedictions & loüanges, car le iour de ſes nopces eſt arriué.*

O mes beniſtes ames, que ne ſuis-ie vn aſſez digne Paranymphe pour entonner cet Epithalame ſacré. Venez au ſecours beaux Anges, vous qui paranymphaſtes ſa naiſſance, *chantans à groſſes trouppes dedans les cieux, Gloire à Dieu aux lieux tres-hauts.* Au moins diſons de cœur auec le chœur de l'Egliſe, *Lauda Sion Saluatorem, lauda Ducem & Paſtorem, in hymnis & canticis. Laudis thema ſpecialis, panis viuus & vitalis hodie proponitur.*

Mais

Mais las ! comme parmy les triomphes de l'ancienne Rome il y auoit touſiours quelque rabat-joye pour tẽperer l'excez d'vn ſi grand contentement, auſſi ay-ie grand peur, ſelon le meſlange informe de ceſte pauure France , qu'emmy les grands triomphes qui ſe ſont faicts ce matin à la treſſaincte Euchariſtie, entre ceux qui regardoient par les feneſtres paſſer les belles & bien reiglees proceſſions, il ne ſe ſoit trouué pluſieurs miſerables Micholites ; m'entendez-vous?

Le grand Dauid ayant entendu les inſignes benedictions que Dieu auoit verſees ſur la maiſon d'Obededom Getheen pour la reſidence de l'Arche, ſe reſolut de r'amener en la ville ce precieux threſor, afin que tout Iſraël fuſt participant des fauorables influẽces de ce diuin ſacraire. Le voyla donc ſelon la reuerence diuine & la magnificence royale, qui faict preparatif de quantité de Muſiciens, de pluſieurs victimes, d'vn grand nombre d'ornemens, de Preſtres, & de perſonnes pour conduire ſeurement & honorablement ce ſacré depoſt, auquel reſidoit toute l'eſperance d'Iſraël. Ils viennent & font leur entrée en la cité royale, en vne ordonnãce

2. Reg. 6.
1. Paral. 15.

merueilleusement belle, vne impetuosité de deuotion assaut le cœur de Dauid, le voyla qui non content d'entonner de la voix & du poulce de beaux Cantiques, se met encore à sauter, baler, & tressaillir de ioye: chose qui donnoit vne grande edification aux bonnes ames, *comme tout coopere en bien à ceux qui sont bons.* Michol fille de Saül, & espouse de Dauid, estant en vne fenestre pour cõtempler ce beau conuoy, se mocqua de ceste action de son mary, l'estima peu sage, & le mesprisa en son cœur; l'Arche mise en son lieu, & Dauid reuenant en sa maison, voicy Michol qui luy vint au rencontre, & luy dit en le baffoüant, *Pensez qu'il faisoit bon voir auiourd'huy le Roy d'Israel se descouurant comme vn basteleur, & plaisantant deuant le monde, ces façons de faire luy sont fort glorieuses.* Et Dauid luy respondit humblement, mais genereusement, *Le Seigneur est viuant, & ie m'esioüiray deuant sa face, car il m'a faict ceste misericorde de me preferer à ton pere, & à toute ta race:* Ie veux estre hũble en mes yeux & en mes jeux, pour estre grand deuant luy: ma gloire est de l'honorer, & de me rendre vil. Mais souuiens-toy que pour ta mocquerie & ton murmure, tu seras punie d'vne perpetuelle ſterilité, le Seigneur clorra ta matrice, & tu ne jouyras point du bon-heur des enfãs:& il aduint à Michol ſelon la prophetie. Ceux, mes freres, qui ſe mocquent de l'appareil des choſes ſainctes,& des pompes de ce iour, ſont-ils pas de la confrairie de ceſte femme peu ſage? Ah! les pauures errans, deſuoyez du gyron de la ſaincte Egliſe, chantent ce meſme ramage: ils ſe rient de nos ſolemnitez, meſpriſent nos Neomenies, ils ont en horreur (tant la rage de l'incredulité les offuſque) les honneurs que nous deferons à l'Arche de la nouuelle alliance, qui eſt le Corps & le Sang du Sauueur; de leur grace, & ſans ſe ſoucier du ſcandale, ils appellent toutes les ceremonies comme Michol, du nom de baſtelage & mommerie, *appellans le bien, mal, & mettans pour la lumiere les tenebres. O pauures aueuglez, mais qui vous peut auoir charmez ainſi miſerablement?* Galat. 3 Plorons leur cecité, mes cheres ames, & prions noſtre cher *Ieſus* qu'il leur arrache le cataracte des yeux, la dureté du cœur, & le murmure de la bouche. Mais aduiſez que comme ceſte mocqueuſe, ils regardent par la feneſtre, ne contemplans ce myſtere que par la lumiere naturelle, non par le plein iour de la ſplendeur ſurnaturelle de la foy, duquel le propre eſt de *faire voir l'inuiſible, & cognoiſtre ce qui ne paroiſt point.* O Seigneur, *enſeignez-leur où vous paiſ-* Cant. I. *ſez au Midy, afin qu'ils ne vagabondent point apres les trouppeaux* des raiſons naturelles: car l'humaine ratiocinatiõ eſt en ce myſtere, comme l'œil de la choüette aux plus clairs rayons du Soleil. Cependant humilions nous auec Dauid, ſouffrons leurs meſpris & deriſions, pour pouuoir dire à Dieu, *que les opprobres qui luy ſont faicts tombent ſur nous, ioyeux & glorieux de patir des contumelies pour ſon nom, poſſedans nos ames en patience.* Et prions auec le grand Prophete que l'heureuſe malediction de ſterilité arriue à l'hereſie, qu'elle deuienne brehaigne, qu'elle ne produiſe plus d'enfans de tenebres, de victimes à l'enfer, que le ſceptre ſoit oſté de ſa race, & que les Errans par vne ſalutaire conuerſion donnans le libelle de repudiation à leurs opinions, reſiouyſſent Dieu, les Anges & les hommes, *reuenans à la bergerie qui ne recognoiſt qu'vn Paſteur.*

Certes, mes freres, ie ne doute point que vous ne le ſouhaittiez ainſi de toute

l'eſtenduë de vos deſirs: mais il faut bien des ſouſpirs & des larmes pour fléchir & amolir ces ames acerees, qui n'ont *de la ſageſſe que pour l'appliquer à mal*, *qui ont des yeux non pour voir la lumiere*, cõme ceux d'Hely, 1. Reg. 3.
qui ont des oreilles, non pour entendre à bien faire ou bien croire; car la foy vient de l'ouye. Emmy les tenebres de l'Egypte par tout où Exod. 10.
eſtoit l'Iſraëlite, il voyoit clair; és obſcuritez du ſiecle, l'errãt choppe, où le fidele jouyt d'vne tres amiable clairté. Tresdoux IESVS, faictes de grace ou du baume de voſtre ſang, ou de la bouë du noſtre, quelque coline pour les deliurer de cecité: faictes comme l'aueugle de Hiericho *qu'ils voyent*, & tous enſemble nous irons *magnifians voſtre grandeur*. O malheur! *ils blaſphement ce qu'ils ignorent, & ils ſe corrompent en ce qu'ils recognoiſſent.* La verité tant eſclatãte de ce myſtere leur ſille les yeux & les eſbloüit, & ce pendant ils ne veulent pas croire; *Iuſques à quand peſans de cœur* Pſal. 4.
cheriront-ils la vanité? chercheront-ils le menſonge? & tiendront ils la verité eſclaue de l'iniuſtice? Rom. 1.

Moyſe ſort la face toute rayonnante & lumineuſe d'vn pourparlé auec Dieu, il Exod. 34.
deſcend vers Iſraël, les bons du peuple admirent ceſte ſplendeur, le prient de

voiler son visage, par ce qu'ils n'en pouuoient supporter l'esclat, & de leur parler ainsi, protestãs de croire à sa parole, bien qu'ils ne le vissent pas. Que disent les meschans, ils se gaussent de ces rayons, & se plaisans en leurs sornettes, disent qu'il a la teste cornuë. O mon Sauueur! vous estes ce Moyse veritable : car vous estes *la splendeur & candeur de la gloire de vostre Pere, vous estes Dieu de Dieu, lumiere de lumiere, & la clairté du pere des lumieres.* C'est vous dont la face en vostre admirable Transfiguration parut lumineuse comme le Soleil, & les vestemens blancs comme la neige: c'est vous *qui estes reuestu de lueur comme d'vn habillement*: mais en ce mystere pour vous accõmoder à nostre foiblesse, vous-vous voilez souz le crespe des especes. Ah! *les*
Cant.1. *bons vous ayment*, & vous adorent, vous recognoissans à vostre toute-puissante parole: mais les mauuais & incredules qui veulent fretter l'Ocean de vostre infiny pouuoir auec la nacelle de leur simple raison, vont imaginans des impossibili-
Luc. 1. tez en vous, à qui *nulle parole est impossible*, & rejettans ce qu'ils ne peuuent comprendre, ils se portent à des paroles *de*
Psal. 51. *precipitation*, comme vous faisans sacrile-

gement les cornes, en pechant contre le premier chef de la creãce commune des Chrestiẽs, qui vous declare tout-puissãt.

Que pouuoient faire pis ces malheureux qui vous crucifierent? car emmy les opprobres & contumelies dont ils vous chargerent, celle de vous voiler le visage *Matth. 25.* & de vous frapper en vous demandãt qui vous auoit touché, comme si vos yeux n'eussent peu percer ce bandeau, n'estoit pas des dernieres. En cela toutefois inexcusablement excusables de ce qu'ils ne vous tenoient pas pour Dieu. Mais que des personnes qui se disent Chrestiens & d'vne reformée Chrestienté, qui ne trompettent que vostre foy, qui ne cornent que vostre diuine puissance, aillent reuocquans en doute que vous ayez peu voiler vostre corps resuscité, glorieux, & spiritualisé souz les especes du pain & du vin; c'est ce qui est de plus estrange: car que l'ayez voulu faire, les paroles expresses, plus claires que cent Soleils, sont capables de le persuader à tout esprit, tant soit peu raisonnable. *O qui donnera de l'eau à nos chefs, & à nos yeux des fontaines de larmes*, pour plorer comme il faut les tenebres palpables d'vn si sensible aueuglement!

Exod. 13. O combien il eſt vray que la colomne qui eſtoit de feu brillãt à l'Iſraëlite, eſtoit vn nuage obſcur à l'Egyptien : l'Errant dict qu'il ne voit rien plus que du pain en ce Sacrement, & le Catholique ne voit rien de plus viſible que cet inuiſible myſtere, mercy aux yeux de la foy, qu'il plaiſt à la diuine bonté de luy eſlargir, bonté qui ſoit à iamais adoree.

N'eſtoit-ce pas aſſez, cher Sauueur de nos ames, que vous euſſiez pris vn corps par l'eſpace de trente trois ans pour ſouffrir en iceluy toutes ſortes d'opprobres, ſans encor vous expoſer tous les iours en ce Sacrement venerable, non ſeulement en proye & en viande aux mauuaiſes conſciences, mais auſſi à la huée & aux meſpris des incredules? Quãd ie voy vn Herodes qui ſe mocque de vous en robbe blanche, & des Iuifs Matth. 25. qui ſe gauſſent de voſtre pourpre, ne voy-ie pas les Errans qui ſe rient de ce que nous adorons voſtre corps & voſtre ſang ſouz les eſpeces blanches & rouges du pain & du vin : car c'eſt en ce myſtere, ames deuotieuſes, *que noſtre bien aymé eſt blanc & vermeil.*

O Errans redoutez vous point le mauuais ſort de Cham, puiſque vous meſpriſez ainſi la nuë ſimplicité de ce bon Pere, qui enyuré du vin de ſon amour *qui eſt ce mont de Grenade* du Cantique, vous proſtituë ſi prodigalement & ſon corps & ſon ſang? Gene. 9.

Vous qui ſcindiquez peu ſincerement la magnificence de nos pompes comme choſe inutile & ſuperfluë, craignez vous point de participer auec ce miſerable Diſciple, qui reprenant la feruente Magdeleine de la profuſion de ſes parfuns, diſoit en grommelant, *pourquoy cette perte*, & pour pallier ſon mal-talent du maſque de l'hypocriſie, il adiouſte, *cela ſe pouuoit vendre & eſtre donné aux pauures.* O le meſchant: dit le Pere qui parle d'or, c'eſt Chryſologue voirement, il ſe ſoucioit bien des pauures, mais c'eſtoit pour couurir ſon auarice & la hayne malheureuſe qu'il auoit conceuë contre le Sauueur, *le voila qui enfante l'iniuſtice, conçoit la douleur, & produit l'iniquité, mais iniquité qui roulera ſur ſa teſte malencontreuſe! O Seigneur leuez vous & iugez voſtre propre cauſe, car le faſt de ceux qui vous hayſſent s'eſleue tous les iours, ou bien iugez noſtre different, & diſcernez noſtre cauſe* Math. 26. Marc 14.

de cette gent prophane, deliurez nous de ces contradictions, deffendez nous comme vous fiſtes la ſaincte penitente, releuant ces honneurs que nous vous rendons de l'opprobre de nos contrarians.

Nous ſçauons que pour vne contradiction beaucoup moindre vos Apoſtres vous conuierent, mais d'vne ſemonce trop aſpre & peu aſſaiſonnée, à faire deſcendre le feu du ciel, ou propoſerent de l'en tirer en voſtre nom : mais nous ſçauons auſſi comme vous repriſtes doucement cette demande precipitée, les inuitant à toute manſuetude & douceur: nous vous ſupplions pour leur conuerſion, non pour leur ſubuerſion, *car vous ne voulez pas la mort des pecheurs, mais qu'ils ſe conuertiſſent & ſe ſauuent, le fils de l'homme eſtant venu non pour perdre, mais pour ſauuer:* faites donc que ces Samaritains vous voyent & vous reçoiuent.

Bien que leur ignorance inuincible 4.Reg.4. leur tire de la bouche contre vous plus de ſornettes que les enfans mal appris n'en compterent à Eliſée, ne permettez pas neantmoins que les ours de vos iuſtes vengeances deſcendent pour les deuorer, nous demandons leur vie pour l'amour de voſtre mort, & s'il eſt beſoin pour voſtre gloire, & leur ſalut, aux deſpens de noſtre propre vie.

Mais ie ne m'aduiſe pas qu'au lieu de ſuiure le char triomphant de la ſacrée Euchariſtie, ie m'eſcarte à pourſuiure ceux qui cheminent *en la route de Balaam & periſſent en la contradiction de Choré*, au lieu de chanter auec les ſimples comme au triomphe des palmes, *loüange à Dieu és lieux hauts, benit ſoit celuy qui vient au nom du Seigneur*, ie m'amuſe à conteſter auec les enuieux Phariſiens qui murmurent de cette allegreſſe publique. Ie m'arreſte à confondre ceux qui tiennent ce langage des habitans de Capharnaum : *mais comment nous pourroit-il donner ſa chair à manger?* voirement comme ſi celuy qui a *pleu les chaüs comme la pouſsiere au deſert, & qui a diſtribué le pain des Anges*, ne pouuoit pas encor dans le deſert de ce ſiecle nous communiquer *le pain vif, qui eſt ſa chair donnée pour la vie du monde.*

Donc que l'Enfer fremiſſe, *que de ces portes* les erreurs ſortent comme les vapeurs & les ſauterelles du puits de l'Apocalypſe, *que les Gentils grondent & roulent de vaines penſées contre le Seigneur & ſon oingt*, Pſalm. 2.

1.Cor. 1. *nous prescherons & honorerons Iesus crucifié*, & encores transsubstantié, *vn scandale aux Iuifs*, ie l'aduouë, *vne folie aux infideles*, ie le confesse, *mais vne grande sagesse pour les esleuz* & pour les gens de bien.

Esth. 6. Que les Amans jaloux & superbes, creuent de despit & de desespoir tant qu'il leur plaira, nous voulons que nostre pauure Mardochée tant vilipendé au Caluaire, soit recognu pour celuy à qui *le Pere a conferé toute puissance en la terre comme au ciel, ayant les Gentils pour son heritage, & les murailles du monde pour bornes de son illimitée possession.*

Dan. 6. Nous voulons tirer nostre Daniel du lac & de la gueule des Lyons pour l'esleuer sur tous les Satrapes de Babylone, *Seigneur, la gorge de ces mocqueurs est vn sepulchre ouuert*, qui n'exhale que puanteur & ordure, *ils ne roulent que fraudes en leurs discours, iugez les selon leurs mes-faits & les escartez selon leurs demerites.*

Voicy nostre cher Ioseph iadis plongé en vne cisterne, mal traicté de ses fre-
Gene. 37. res, malheureusement vendu, faussemēt accusé, iniustement emprisonné, qui en fin triomphe & *seigneurie sur toute la terre de l'Egypte.* Sus que toutes les creatures sui-

uent auec acclamations le char triomphant de ce diuin Sauueur à la confuſion de ſes ennemis, & à la conſolation de ceux qui l'adorent.

Sus donc chantons au Seigneur vn Cantique nouueau, que ſon los reſonne en l'Egliſe ſaincte, qu'Iſrael le peuple Catholique *ſe reſiouyſſe en celuy qui l'a formé, & que les filles de Sion*, les ames pieuſes, *ſe complaiſent en leur Roy; que ſon ſainct nom ſoit exalté muſicalement, que l'exaltation de Dieu ſoit en la bouche des Saincts, garnis en leurs mains de puiſſantes armes pour venger les opprobres des peuples, & trainer captiues les puiſſances de la terre*, apres le chariot triomphant de la gloire de leur Maiſtre. Pſal. 149.

N'eſt-il pas plus que iuſte & raiſonnable que nous decernions les honneurs triomphaux à *l'Agneau dompteur de la terre, terraſſeur de l'Enfer, exterminateur de la mort, reparateur de la vie*, il eſt plus que iuſte & raiſonnable *que nous luy rendions ce deuoir & cette action de graces, touſiours & par tout; mais principalement en ces iours glorieux* de la celebration, non ja de la Paſque, mais du triomphe du vray Agneau Paſchal, lequel comme chante l'Egliſe Iſa. 16.

En Triomphant pompeuſement
Sort glorieux du monument.

II. Comment serions nous moins deuotieux vers le Soleil, que les Hebrieux vers les ombres, *car la Loy Mosayque ne possedoit que l'ombre du futur, tout y arriuant en figure.* Or si nous examinons les grands honneurs qu'ils ont iadis deferé à leur Arche, ce nous sera vn grand esguillon pour nous exciter à en rendre de plus grands à la verité que nous possedons.

Que si par tout où estoient posées les statuës de leur Appollo, les Gentils ont creu que l'honneur & la reuerence y abordoient, combien plus fortement deuons nous croire que toute gloire doit estre deferée au grand Soleil des Sacremens de la Loy de grace.

Mat. 5. Marc. 4. Luc. 21. *Qui est-ce*, dit le texte sainct, *qui allume vne lampe pour la cacher soubs vn boisseau, plustost la faut-il planter au plus haut du chandelier afin qu'elle esclaire à tous ceux qui sont en la maison.* O sacrée Eucharistie: clair flambeau

psal. 113. de nostre mortel pelerinage, *lampe de nos pieds, lumiere de nos sentiers*, mais lampe perpetuelle, lumiere inextinguible; nous vous voulons colloquer à la plus haute pointe de cette *cité située sur la montagne*, l'Eglise saincte, *qui ne peut estre cachée* dans les cauernes de l'inuisibilité, nous vous mettrons *comme vn eſtendart ſur nos bras & ſur nos poitrines, nous voulons auoir noſtre Dieu deuant nos yeux*, ſçachans *que le fils de l'homme rougira deuant ſon pere pour ceux qui auront eu honte de luy deuant les hommes.* *Luc. 9.*

De grace, mais qu'eſtoit cette benite arche d'Alliãce, piece ſi fameuſe de la vieille Loy, ſinõ vn coffret de bois de Sethim incorruptible, doré dedans & dehors, ayant ſur la couuerture deux Cherubins affrontez en poſture d'admirateurs, & au dedans reſſerrant dans vne cruche d'or vn gomor de Manne pour perpetuelle memoire de ce benefice du deſert, auec la verge floriſſante operatrice de tant de miracles, & auſſi les tables du Decalogue eſcrites en pierre du propre doigt de Dieu. Mais pourquoy rendoit on tant d'honneur à ces choſes, qui de ſoy ne ſemblẽt auoir rien de diuin, ſinon à cauſe de la preſence de Dieu, qui *ombrageoit ce propitiatoire en le faiſant l'eſcabeau de ſes pieds*, & cõme l'extremité de ſon throſne. Ne voyez vous pas là, mes tres chers freres, vne excellente figure de la tres-ſaincte Euchariſtie, elle eſt incorruptible, car le corps du Sauueur y eſt glorieux, & puis *ce Sainct des Saincts n'eſt point ſubiect à corru-* *Exod. 25. Hebr. 9.* *Pſalm. 15.*

ption, au demeurant c'est le fruict du bois de vie, & pourtant non sujet aux alterations de la mort, il est bien vray que les accidens des especes se peuuẽt corrompre: mais la substance du corps de Christ iamais. L'arche estoit dorée dedans & dehors, marque de l'humanité diuinisée, ou de la diuinité humanisée du Sauueur, *dont la teste est non seulement d'or pur*, mais tout le corps, *car il est tout desirable, or d'Ophir, or tres-fin, or potable*, or battu & estendu en la croix, or qui a souffert le feu, la touche & l'espreuue, la coupelle de toutes les tribulations imaginables. La Manne enclose en ce coffret ancien est vne figure de ce Sacrement adorable, si vniuersellement recognuë de tous ceux qui professent le nom Chrestien, tãt Errans qu'Ortodoxes, que vouloir l'examiner plus au long seroit se mettre en peine de chercher des demonstrations pour prouuer la clarté du Soleil en son plus fort Midy, joinct que le Sauueur l'a ouuertement declaré par sa propre bouche, disant aux Iuifs, *Vos peres ont mangé la Manne*
Ioan. 6. *au desert & sont morts, mais celuy qui mangera le pain vif que ie donneray viura eternellement.* La verge florissante d'Aaron n'est-ce pas encores

encores la vraye figure de l'humanité ſacrée de noſtre Seigneur, dont il eſt eſcrit, *Il ſortira vne verge de la racine de Ieſſé, & vne fleur pouſſera de cette tige, ſur laquelle ſe repoſera l'eſprit du Seigneur.* Verge ſortie d'vne Vierge, comme la fleur qui naiſt ſans leſion de ſon tronc, verge miraculeuſe ; & qui opera iamais tant de merueilles que noſtre Seigneur ? *vrayement le Dieu ſeul ouurier des miracles*, verge floriſſante, & le Sauueur n'eſt-il pas *la fleur des champs* expoſé en ce diuin Sacrement à quiconque le veut cueillir & accueillir? En fin les tables de la Loy eſcrittes en vne pierre percée à iour, eſtoient dedans l'Arche, & l'humanité ſacrée du Sauueur exhibée en l'Euchariſtie, n'a elle pas eſté vne pierre (*car la pierre eſtoit Chriſt*, dit le texte ſainct) & vne pierre de conſtance & de fermeté, & vne *pierre angulaire & fondamentale*, & vne pierre taillée de mille coups, & vne pierre percée à iour quand il a eſté cramponné en vne Croix, les pieds & les mains troüées de part en part, ſon coſté ouuert & ſon cœur trauerſé d'outre en outre? Que nous reſte-il donc en contemplant auiourd'huy noſtre Arche ſaincte, ſinon de faire l'office des Cherubins, admirons auec rauiſſement les extaſes de la diuine bonté, ſe communiquant ainſi miſericordieuſement à noſtre baſſeſſe.

1. Reg. 4. Toute la force d'Iſrael conſiſtoit en l'Arche, elle alloit touſiours à la teſte de ſes bataillons, *quand Dieu eſtoit pour les Iſraelites qui pouuoit leur eſtre contraire*: cette Arche leur enfloit le courage, & portoit la terreur dans le cœur de leurs ennemis, pource luy attribuoient-ils toutes leurs victoires, elle ſeule triomphoit de tous leurs combats. De là tant de beaux Cantiques de Dauid ont tiré leur origine,

Pſalm. 67. *Que le Seigneur ſe leue*, dit-il, *& que ſes ennemis ſoient diſsipez, Seigneur mettez les au tournoyement de la roüe, & comme la paille au ſouffle du vent. Leuez vous, Seigneur, en voſtre repos, vous & l'Arche de voſtre ſanctification.* Et lors que les enfans d'Iſrael pour la grande multitude de leurs iniquitez ſe rendirent indignes de poſſeder ce riche ioyau, voyla qu'au rencontre de Silo ils furent mis en deſroute, & l'Arche priſe par les Philiſtins, perte ſi ſignalée que quand la nouuelle en fut rapportée au grand Preſtre Hely, il ne s'eſtonna point tant de la mort de ſes enfans, comme de la capture de ce threſor ſacré, car à ces mots, *l'Arche de Dieu eſt enleuée*, il tomba à la renuerſe, & mourut paſmé de douleur & de regret. Mes freres, il eſt tant conſtant que la Saincte Euchariſtie eſt toute noſtre force, comme nous vous deduirons plus amplement quelqu'vn de ces iours, tant que nous combatrons ſoubs ſon eſtendart la victoire nous eſt infaillible : mais ſi par nos pechez nous nous rendons pluſtoſt coulpables en ſa poſſeſſion, qu'heureux de ſa iouyſſance, il eſt à craindre que *nos ennemis ne preualent contre nous, & que les portes d'enfer ne vomiſſent* tant d'erreurs & d'Errans en noſtre pauure France iadis exempte de ces ſpirituelles monſtruoſitez, que le *Seigneur ne ſoit contrainct de transporter ſa vigne ailleurs, & la loüer à d'autres ouuriers plus attentifs à ſon ſeruice.* Deſtournons ce malheur qui nous menace par vne ſaincte conuerſion de nos cœurs & de nos mœurs: *Math. 21.*

Et eſperons que comme l'Arche qui combloit Iſrael de tant de benedictions, rempli de playes les Philiſtins ſes poſſeſſeurs iniuſtes, auſſi noſtre Arche terraſſera nos contrarians, & nous ſouſtiendra ſi nous nous rendons capables de l'influence de ſes graces. *1. Reg. 5.*

Que firent les Philistins, cette race idolatre & incirconcise, ils furent bien si temeraires que de mettre leur Dagon à costé de l'Arche dedans leur temple: Mais voila pas que leur Idole dés le beau lendemain fut trouuée fracassée en mille pieces, esparses ça & là, pour marques honteuses de son terrassement, pour tesmoigner *qu'entre les forts nul n'est semblable au Dieu d'Israel*. Oseray-je dire, mes freres, que les Errans de nostre aage osent par vne hardiesse toute semblable accarrer l'Idole de leur opinion, leur Cene imaginaire, à la verité Catholique. Mais qui ne voit leur Dagon esparpillé en autant de lambeaux qu'ils sont partagez en differentes creances. Qui ne void leurs figures, leurs ombres, leurs significatifs, leurs spiritualisations s'esuanouyr comme la fumée au vent, comme la rosée au rays du Soleil de l'essentielle presence que nous croyons. Ames esgarées, ah! pourquoy allez vous dressant Autel contre Autel, *esleuant vostre corne en haut, & parlans iniustement contre l'expresse parole du Ciel? recognoissez ingenuement que nous auons vne table à laquelle ne peuuent participer ceux qui*, comme vous, *croupissent dans les figures du Taber-*

nacle, faittes vous ſages aux deſpens de Dagon.

Et vous Catholiques redoublez voſtre ferueur par leurs oppoſitions, comme le feu ſe picque à l'aſſiſtance du froid, *paſſez les eaux de leurs contradictions*, en ſuiuant voſtre Arche, vous ſouuenant que comme iadis les Hebrieux fendirent le Iourdain & le trauerſerent à pied ſec, ayans ce depoſt à leur teſte: ainſi vous pouuez percer tous obſtacles auec ce ſacré gage de noſtre ſalut la tres-adorable Euchariſtie: *quand les armées me ſeroient à front*, diſoit Dauid ſe confiãt en ſa preſence de ſon Dieu, *mon cœur ne redoubtera point*, *au milieu des deſtours i'eſpereray au Seigneur*, *auec ſon ayde les murailles meſmes me feront iour*, comme il apparut aux murs de Hiericho, coulans deuant l'Arche comme la neige s'eſcoule à la face du vent de Midy.

Ioſ.3.

Ioſ.6.

Mais ſouuenez vous de ſuiure cette Arche, & de la porter auec le reſpect qui luy eſt deub, n'imitez pas ces vaches regimbantes, & qui vouloient tourner en arriere au mugiſſement de leurs veaux, dont elle penſa reuerſer de deſſus le chariot ſur lequel elle eſtoit trainée; ne vous arreſtez pas en ce myſtere au re-

1. Reg.6.

ſonnement des raiſons naturelles, *car la chair & le ſang*, c'eſt à dire, ſelon l'interpretation des Saincts Auguſtin & Chryſoſtome, l'intelligence charnelle & groſſiere ſont incapables de penetrer ce ſecret, *l'homme charnel & animal ne conçoit pas ayſément les choſes de Dieu*, c'eſt à faire aux Errans de regimber contre l'eſperon de la diuine puiſſance, & de renuerſer entierement l'expreſſe parole de Dieu.

Et le fait d'Oza officieux en apparence, qui voulut ſouſtenir de ſa main le panchement de l'Arche, puny neantmoins de mort ſubite pour ceſte temerité, enſeigne aux Laïques & prophanes à ne s'ingerer pas indiſcretement au maniement des choſes ſainctes, & à l'interpretation des ſacrez cahiers, s'ils ne veulẽt courir la riſque de voir eſteindre leur foy par trop de curioſité, foy plus vie de leur ame, que l'ame d'Oza n'eſtoit la vie de ſon corps.

1. *Reg.* 10. Apprehendez encor, ô Seculiers! la punition des Betſamites frappez d'enormes playes pour auoir oſé regarder l'arche, aucuns diſent curieuſement, autres moins reueremment, lors qu'elle paſſoit par leur territoire.

Que ſi le Prophete Elie fit deuorer au feu du ciel deux cinquanteniers auec toute leur trouppe, parce qu'ils luy parloient auec moins de reſpect qu'ils ne deuoient à ſa qualité de Prophete & *d'homme de Dieu* : Mais ie vous prie comment doiuent craindre ceux qui ſe portent irreueremment en la preſence de la ſacrée Euchariſtie. 3. Reg. x.

O Preſtres qui maniez ordinairement ces redoutables myſteres, penſez bien à ce que vous faictes, vous eſtes des Chriſtofles, des Porte-Chriſts, en cela comme aſſociez de la glorieuſe Vierge, qui a porté le fruict de vie en ſes flancs, vous en vos mains. Pour Dieu ne reſſemblez pas au deſloyal Abiathar, qui portant l'arche du Seigneur deuant Dauid, machinoit des trahiſons & des rebelliõs en ſon ame, conſolez vous neantmoins en l'eſpoir de la douce miſericorde du vray Salomon, qui receura d'autant plus volontiers vos penitences, vous deliurant de la mort, que vous *auez porté* humblement l'*Arche de ſon* humanité és ſainctes proceſſions, *deuant la face de ſon eternel Pere.* 3. Reg. 2.

Et remarquez s'il vous plaiſt comme en

ces deuotes processions l'Eglise va suiuant les pas de la Synagogue, des ruines de laquelle elle a esté bastie, car premierement l'Arche du Seigneur fabriquée par Moyse, suiuant le commandement diuin, fut quelque temps soubs les tentes & pauillons, lors qu'Israel campoit n'ayāt point de *cité permanente*, depuis elle fut mise au tabernacle, en fin elle fut logée dans le temple au lieu le plus auguste appellé le Sainct des Saincts. Ainsi vous noterez qu'en ceste ceremonie qui se pratique auiourd'huy au triomphe Eucharistique, nostre arche est soubs les pauillōs quand on la porte en cheminant soubs les poesles & les ombrelles: elle est comme au tabernacle portatif quand on l'assied aux reposoirs, & en fin on la rapporte sur les Autels exposée en veuë pendant cette Octaue pour estre *adorée de tous peuples*, au lieu le plus venerable & releué de l'Eglise.

III. Allons donc, tres-cheres ames, & *passons ioyeusement iusques en Bethleem pour voir ce verbe qui s'est fait chair pour la vie du monde*. O mon tres-doux Sauueur, n'estoit-ce pas assez de vous estre tant humilié en vostre naissance que de reuestir *la*

Luc. 2.

ſemblance de l'homme, de vous eſtre couché en vne pauure eſtable, ſur du fumier, enuelopé de petits drapelets, enuironné d'animaux, viſité par des Bergers, vrayement compagnon de nos miſeres, ſans encor eſtant glorieux, vous expoſer en ce venerable Sacrement à des pareilles abjections. *O amour plus fort que la mort! O charité, dont nulles eaux peuuent eſteindre les flammes!*

Cet Autel, ſi ce n'eſt vne eſtable, c'eſt vne table: ces nappes ſont-elles pas faites de chanvre ou de lin, qui eſt vne eſpece de paille? tous ces ornemens ne ſont que litiere, comparez à la grandeur du throſne de ce vray Salomon, *qui ſied ſur les Cherubins*: ces corporaux ce ſont des drapelets, ſinon des Bergers, au moins les Paſteurs des peuples l'enuironnent: & Dieu vueille qu'emmy ces tourbes il n'y aye point de gens ſenſuels, *comme des bœufs & des aſnes, ou comme des cheuaux & mulets qui n'ont point d'entendement*: mais pluſtoſt des Vierges & des Ioſephs, des ames ſimples & pures.

Si Moyſe touché d'vn excez de ioye à la veuë de l'Arche, a bien dit autrefois, *que nulle nation eſtoit tant heureuſe que* Deut. 4.

d'auoir ses Dieux si voisins de soy, comme Israel auoit le sien. S'il dit cela de la veuë de l'ombre, que deuõs-nous dire non de la veuë, non du toucher seulement, mais de la manducation de la Verité? L'Eglise dit de la naissance de son benit Espoux, *Nobis datus, nobis natus ex intacta virgine*, & de ce Sacrement adorable, *Cibum turbæ duodenæ se dat suis manibus.*

C'est vrayement icy que nous pouuons dire que N. S. *nourrit son peuple de la Viande des Anges*, mais plus amoureusement que les Anges: car les Anges viuent voirement de la substance diuine, mais en la voyant seulement: mais les hommes la mangent, s'en nourrissent, *Dieu demeurant en eux, & eux en Dieu.* O priuilege humain plus que Angelique!

Dan. 2. Ne dites plus, ô Mages peu sages, de Baltazar, *que les Dieux n'ont point de commerce auec les hommes.* Car quelle plus intime & familiere conuersation sçauroit-on imaginer que de voir l'amant & l'aymé incorporez & cimentez ensemble?

C'est icy, mon doux Maistre, que vous declarez ouuertement ceste verité que vous auiez autrefois ditte de vous par la
Prou. 8. bouche de la Sapience, *Ie me delecte tous*

les iours, & prend mes esbats en ſa terre, car mes plus cheres delices ſont d'eſtre emmy les enfans des hommes.

C'eſt icy que nous pouuons en meſmes termes dire du ſecond Adam innocent &pur, ce que Dieu dit par mocquerie au premier Adam ſoüillé de rebellion ſouz la fauſſe eſperance de ſe diuiſer; *Voyla donc Adam comme vn de nous.* Le voyla qui chemine au milieu de nous, ſe faiſant homme pour nous faire *Dieux & enfans du Tres-haut, heritiers de Dieu, & coheritiers de Chriſt.* Geneſ. 3.

Si faut-il, comme trompette Euangelique, *que ie publie aux peuples les* amoureuſes *inuentions*, & les priuautez amiables d'vn ſi doux Seigneur. Imaginez-vous vn Prince picqué de l'amour de quelque villageoiſe, pour ſ'inſinuer en ſes graces par vne qualité ſecrette de l'amour, qui transforme l'amant en l'obiect aymé, le voyla qui quitte ſes habits pompeux & royaux, ſ'agence à la ruſtique pour l'accoſter auec plus de facilité: il change le brocatel en bureau, le lin en groſſe toile. les ayſes en meſaiſes: que ne fait-il pour ſe conformer à la cõdition de ceſte creature bien-aymee. Voyez-vous-là la conduitte de noſtre cher Sauueur pour rẽdre nos affectiõs ses volontaires esclaues, & se glisser en nos cœurs. Il sçait que chasque animal aime son espece & son sẽblable, le voyla qui se faict homme, & pareil à nous, il espou nostre nature ; il faict plus, car sçachant que nous estions de complexion si friande, que pour vn morceau de fruict defendu, nostre premier Pere s'estoit liuré & toute sa posterité miserable, entre les bras de la mort, le voyla qui se faict nostre viande sur-substantielle & veritable, pour nous donner la vie, monstrant par là qu'il est *la voye, la verité, & la vie.*

Sueton. in eius vita. L'Empereur Caligula pour acquerir l'Empire par la bienueillance des soldats, se familiarisoit tellement auec eux, voire auec les pietons, que chaussé ordinairement de tricouses, à l'instar d'vn fantassin, il en acquit ce sur-nom, qui signifie guestré. Ainsi N. S cachant la substance de son corps souz les accidens du pain au Sacrement Eucharistique, pour s'accommoder à nostre vsage, & nous faciliter sa reception, il en rapporte souuent le nom de *Pain*, mais *vif & celeste, de calice salutaire, de viande diuine*.

Les Princes lassez quelquefois de l'importunité de leurs grandeurs, ils les mettent bas pour vn temps, viuans en liberté & à la villageoiſe: c'eſt ce que chante le Lyrique delicatement,

Plerumque gratæ principibus vices,
Dulceſque paruo ſub lare pauperum
Cœnæ, ſine oleis & oſtro
Implicitam explicuère mentem.

On cõpte des merueilles de noſtre bon & grand Roy François premier, en pareilles galanteries, eſquelles il teſmoignoit & la gentilleſſe de ſon eſprit, & la douceur de ſon naturel. Mais quelle priuauté eſt conferable à celle qu'exerce enuers nous, *vermiſſeaux de la terre*, le ROY des ROYS en ce banquet de ſon ſacré corps?

Seigneur, qu'eſt-ce que l'homme, diſoit S. Iob, *Iob. 7.*
& pourquoy en faites-vous tant d'eſtat que d'appliquer voſtre cœur vers luy? vous le viſitez priuément pour eſprouuer ſi ſon cœur eſt droit vers vous, comme le voſtre l'eſt vers luy. O ſoyez-vous beniſt à iamais!

Ie ne m'eſtonneray plus quand ie liray que la bien-heureuſe Elizabeth, fille du Roy de Hongrie, ſe joüant priuément auec ſes Damoiſelles, ſ'habilloit en pauure femme, pour gouſter, au moins en idée, la ſuauité de la pauureté que l'on practique pour le sainct Amour : ny quãd ie verray qu'vn S. Alexis, gentilhomme Romain, demeura dixsept ans en la propre maison de son pere en qualité de pauure que l'on retiroit par compassion. Ce sont excez de deuotion, practiquez par ces grandes ames, auec vne perfection extraordinaire : mais qu'ont-ils de cõferable aux extases de l'amãt de nos cœurs, *qui non seulement s'est faict pauure pour nous enrichir de sa disette*, mais qui prodigue son propre corps pour nostre nourriture.

Il s'est quelquefois trauesty pour accoster ses amis, paroissant aux Disciples d'Emaüs en Pelerin, à la Magdelaine en Iardinier, aux Saincts Martin & Gregoire en pauure mendiant, en la Transfiguration il se fit voir aux trois Disciples choisis, tout rayonnant de gloire, & reuestu de blancheur : mais tout cela, selon mon aduis, n'approche point de l'amiable priuauté qu'il tesmoigne en ce Sacrement, non à ses amis seulement, mais à ses ennemis, se cõmuniquant aux Iudas comme à ses plus fidelles Disciples. Viuez à iamais en nostre souuenir à chere amitié du Dieu de parfaite dilection, & que iamais *rien ne* Rom. 8. *nous separe de vostre saincte charité.*

Allez en paix, mes tres-chers freres, & faites bien voſtre profit de ce que nous vous venons de deduire, repenſans 1. au Triomphe ſolemnel de la ſacrée Euchariſtie. 2. Triomphe figuré par les honneurs que jadis les Hebrieux deferoient à leur Arche. 3. Vſez ſagement & n'abuſez pas indiſcrettement de ceſte tant amoureuſe priuauté que vous teſmoigne en ce Sacrement le tres-adorable Eſpoux de nos ames, lequel vous donne ſa ſaincte benediction. Au nom du Pere, du Fils, & du S. Eſprit. Ainſi ſoit-il.

VENDREDY.

La Verité Eucharistique.

HOMELIE II.

Caro mea verè est cibus. Ioan.6.

Tob.6. QVELLE *joye peux-ie auoir en mon ame estant enseuely dans les tenebres de l'aueuglemẽt, & priué de la lumiere du ciel?* C'est la repartie que fit le bon Tobie au salut de l'Ange qui luy auoit dit, *joye te soit.* Mais aussi quelle allegresse fut-ce à ce vertueux homme, quand outre le contentement du retour inesperé de son fils, reuenant auec l'argent des gabelles, vne chaste femme, & vn riche mariage, il eut recouuert la veuë auec le fiel de ce poisson esuenté sur le riuage de la mer. Helas, mes freres, combien deuons-nous estre tristes, non de nostre cecité, mais de celle des pauures Errans de nostre aage! *qui*
Isa.55. *comme aueugles vont tastonnans la paroy de leur obstination*, priuez de la belle splendeur de la

la foy, & aſſis *dans les tenebres, & en la region de l'ombre de la mort, ils ſont aueugles, & conduits par les aueugles, ils tombent tous dans la foſſe de l'erreur. Sauuez-nous, Seigneur, car la ſainctetê defaut, & les veritez periſſent emmy les hommes qui ne cheminent qu'en la vanité de leurs ſens.* Hé! qui nous donnera le remede pour leur arracher ceſte taye des yeux, & comme S. Paul leur faire *tomber les eſcailles* qui les leur pochent? Mon cher *Ieſus*, vous eſtes cét Ictis, ce poiſſon roſty d'amour, eſuenté ſur le Caluaire, ce grand gueriſſeur d'aueugles auec l'onction de voſtre ſang, teſmoing Longin. Donnez-moy que j'entonne & preſſe puiſſamment & perſuaſiuement ceſte voſtre parole, *Ma chair eſt vrayement*, ouy, *vrayement, vrayement*, non ſpirituellement & idealement : ouy *vrayemẽt viande, & mon ſang vn vray breuuage.* Sacrée Vierge, puiſque de vos ſainctes entrailles, *qui ont porté mon Sauueur*, eſt ſortie ceſte chair & ce ſang, fourniſſez-nous ce diuin collyre. *Act. 9.*

Aue Maria.

CES paroles Euangeliques, mes freres & sœurs bien-aymables, *ma chair est vrayement viande*, m'ont inuité de vous traitter auiourd'huy de la Verité Catholique au faict de la saincte Eucharistie, pour dissiper à la presence de sa lumiere les sombres ombres des erreurs qui la persecutent : ce que nous ferons auec l'ayde de nostre bon Dieu, vous faisans voir par des raisons naturelles, fondees neantmoins sur la lumiere sur-naturelle de la foy & des escritures, la verité de la reelle presence du corps du Sauueur au tres-sainct Sacrement de l'Autel. 2. Nous tascherons de sonder les causes pour lesquelles les Errans combattent à telle outrance ceste si manifeste Verité. 3. Pour corollaire nous vous conuierons à vser de ce sainct Viatique auec la circonspection requise. Entrons.

I. La premiere raison sera tirée de la Manne du desert, & nostre induction se formera ainsi. Il est tout constant & communément aduoüé par les Errans & nous, que ce pain celeste, pestry & distribué aux Hebrieux par les mains des

Anges, a eſté vne figure auant-couriere du Sacrement du Corps & du Sang du Sauueur : cela eſt tellement clair dans l'Euangile & dans les Epiſtres du grand S. Paul, qu'il ne peut donner lieu à aucune controuerſe. Or iugez, mes freres, ſ'il y a de l'apparence de croire que les figures paſſent en dignité les veritez, que l'ombre ſoit plus excellẽte que le Soleil, & vn homme en peinture de plus haute valeur qu'vn hõme veritable. Nul eſprit, tant ſoit peu eſgal, aduoüera ceſte preference. Si faudra-il que les Errans tombẽt en ceſte abſurdité s'ils aduoüent la premiere propoſition, qui eſt irrefragable : ce que l'on peut ayſément faire voir. Exod. 16. Ioan. 6. 1. Cor. 10.

La Manne eſtoit vn pain celeſte, dont Dauid diſoit, *Il leur a donné le pain du ciel, l'homme a mangé le pain des Anges.* Et celuy de la Cene pretenduë n'eſt rien plus que du pain ſimple, peſtry par les mains, non d'vn Ange, mais d'vn Boulanger, prouenant non des greniers de l'Eternel, pere de famille, mais de ceux de la terre. Les Hebrieux auront donc eu vn vſage plus excellent que le leur, *bien qu'ils fuſſent tous ſous le nuage*. Qui ne voit ceſte abſurdité ?

La Manne eſtoit vne viande toute mi-

Psal. 110. raculeuse, appellee par le Psalmiste, *le memorial des merueilles du Seigneur.* Elle ne tomboit qu'à certaine heure deuant le iour, elle durcissoit au feu & se fõdoit au Soleil : le grand & le petit n'en auoit que pareille mesure, le paresseux de la cueillir de bon matin, jeusnoit ce iour-là pour sa penitence : elle auoit toutes sortes de gousts, elle ne fut donnee qu'és deserts, non en la terre de promission : son nom denote estonnement. I'entasse tout cela pour ne filer point plus au long ces paralleles trop mieux deduittes par vne plume d'or de la Compagnie de *Iesus.* Or qu'a de tout cela la Cene des Errans, vn pain figuratif, pain creux & vuide, pain autant esloigné du corps de Christ, dict vn de leurs supposts, que le ciel de la terre : pain ny vif, ny viuifiant, pain de peinture plus platte que la Manne.

Le P. Richeome en ses Tableaux sacrez,

Ouy mais, repliquera-t'on, qu'a l'Eucharistie Catholique de conferable auec la Manne ? ô Dieu ! ce que celle-là auoit grossieremẽt, nous l'auons transsubstantiellemẽt, reellemẽt, & transcendẽment : car ie vous prie, le corps du Sauueur y estãt vrayemẽt, en vertu de sa toute-puissante parole, qui ne voit que c'est *le vray pain deſcendu du ciel pour noſtre ſalut & noſtre vie ; viande qui nous eſt commune auec les Anges, qui viuent là haut de l'aſpect de ſon beau viſage* ; que ce corps eſt le comble des meru eilesde Dieu ; qu'il ſe diſtribuë le matin en la ſaincte Communion, qu'autant reçoit le pauure que le riche, vn que mille, le grand que le petit, que le pecheur excommunié en eſt priué, eſtant rejetté de la ſaincte Table: que toutes les faueurs & ſaueurs celeſtes y ſont encloſes: que c'eſt le Viatique des mortels, qui ceſſera d'eſtre diſtribué ainſi voilé en la terre promiſe des viuans aù ciel, *où nous ſerons faicts conformes au Fils de Dieu, le voyans comme il eſt.* Concluons donc ceſte premiere raiſon, & diſons que l'Errant n'a que l'ombre de l'ombre, mais le Catholique la reelle & eſſentielle verité.

La ſeconde induction ſera tirée de l'Agneau Paſchal, que chacun ſçait & croit auoir eſté vne expreſſe figure de la ſainte Euchariſtie. Pour ce l'Egliſe chante, *Iam Paſcha noſtrum Chriſtus eſt, qui immolatus Agnus eſt.* Et encores, *Poſt agnum typicum expletis epulis, Corpus Dominicũ datũ diſcipulis.* Or nous argumenterons ainſi. L'Agneau Paſchal bien qu'il ne fuſt que la figure de noſtre *Exod. 12.*

Sacrement, estoit vn vray Agneau immolé, plein de vie, de vraye chair, & il estoit reellement & actuellemẽt mangé. Que dirõt icy nos freres Errans, que leur pain est plus excellent que la chair, qu'vn animal viuãt est moindre en dignité que du bled mort, que la vie vegetatiue est preferable à la sensitiue. Mais qui croira ces vanitez, & qui les voudra escouter, quand ils diront qu'vne manducation spirituelle, c'est à dire imaginaire, par ie ne sçay quelle bouche de foy, qui n'a subsistance qu'en l'inanité de leur opinion, est plus solide qu'vne reelle & essentielle? *Bien-heureux qui se destournera de ces vaines illusions & fausses folies*. De grace, ne voyez-vous pas qu'ils destruisent, bastissent, changent le rond au quarré, selon leur fantaisie, le Caresme, ils reforment le poisson en chair, & trouuent celle-cy meilleure: ici ils changẽt la chair en pain, & veulẽt que cettuy-cy soit le pl⁹ exquis: de sorte que desormais, selon la parole de Dieu reformée, il ne faudra plus lire, *le pain que ie donneray c'est ma chair*: mais d'vn ordre tout renuersé par vne consequence pretenduë necessaire, *la chair que ie donneray c'est du pain*. O priuatiõ de la lumiere de la foy!

en *quel ſens reprouué*, en quels labyrinthes vas-tu plongeant les entendemens?

Qui prenans fauſſement la raiſon pour leur ourſe,
Font vn triſte naufrage au milieu de leur courſe.

Quant à nous Catholiques, nous croyōs que *le vray Agneau victimé pour les pechez du monde*, eſtant preſent en la treſſaincte Euchariſtie apres la conſecration, ce n'eſt plus pain, mais la vraye ſubſtance de la chair & du ſang du Sauueur, ſelon la reſolution de ceſte indubitable parole, *Ma chair eſt vrayemēt viande, & mon ſang vrayemēt breuuage.* Chair & ſang incomparablemēt plus excellens que l'Agneau typique.

Le troiſieſme argument ſe tirera de l'arbre de vie, qui eſt, comme les Errans conuiennent auec nous, vne autre figure du Sacrement Euchariſtique. Et qui ne ſçait la grãde prerogatiue de ce fruict, qui pouuoit cōſeruer les corps de la corruption de la mort? Il faudroit icy des merueilleuſes inuentiōs pour perſuader qu'vn pain ſignifiant fuſt vn *pain viuifiant*, qu'vn pain mort peuſt donner la vie, cela n'appartient qu'au *pain vif deſcendu du ciel*, qu'au *pain qui eſt fait chair*, & *chair qui a eſprit & vie, non chair morte; car ainſi elle ne profiteroit de rien.* Voyēt donc les Errans de cōbien ceſte *Gen. 2.*

figure excelle leur verité pretenduë. Et que les Catholiques loüent Dieu, voyãs de combien leur reelle verité, qui constituë presẽt le corps du Sauueur, passe ceste figure autant que *Iesus* autheur de la vie, *& le benit fruict du ventre* de la Vierge sacrée, bel arbre de vie, planté au milieu du Pa-
Psal.1. radis de l'Eglise le long *des fleuues courãs des diuines graces*, passe ceste plante terrestre en dignité & en valeur. Aussi auons-nous en la reception de son corps la semence de nostre Resurrection, les arrhes & gages precieux de nostre future gloire. Car il est escrit, *Celuy qui mangera de ce pain, viura eter-*
Ioan.6. *nellement. En verité, en verité, ie vous dy, si vous ne mangez la chair du fils de l'hõme, & ne beuuez son sang, vous n'aurez point de vie en vous: mais qui mange ma chair & boit mon sang, il a la vie eternelle, & ie le resusciteray au dernier iour.*

Gen.14. Le Sacrifice de Melchisedech sera
Hebr.7. nostre quatriesme pointe, que nous dresserons ainsi. Le Sacrifice de pain & de vin que ce grand Prestre offrit à Dieu, a esté, comme il conuient entre nous, vne figure du Sacrement & Sacrifice Eucharistique; or bien que la qualité de Sacrifice, qui est en horreur aux Errãs, soit rejettée par eux auec autãt d'iniustice

qu'ils nient ſans raiſon la realité du Sacrement, ſi n'eſt-ce pas mon deſſein d'inſiſter icy ſur cette ſacrificature, en laquelle noſtre Seigneur s'eſt enroollé, s'appellant *Preſtre eternellement ſelon l'ordre de Melchiſedech*, (& notez en paſſant *eternellement*, parce que comme dit S. Paul, *Chriſt a vn ſacerdoce eternel.*) Mais ie demãde icy à ceux de la Religion pretenduë Reformée, quel aduantage doñc a le pain de leur Cene ſur ce pain legal & figuré offert par Melchiſedech? celui cy eſtoit vne figure du corps de Chriſt, & le leur auſſi, à ce qu'ils diſent, ce n'eſtoit que du pain & ils n'ont que du pain, en cela ſont-ils plus raualez de ce que l'oblation du pain & du vin faite par ce Preſtre eſtoit ſacrifice, ce qu'ils rejettent de leur myſtere imaginaire, bien que le ſacrifice ſoit la plus ſouueraine ſorte d'adoration, & la plus haute marque de latrie, characterе eſſentiel de toute Religion. Or les Catholiques fondez ſur les paroles expreſſes du Teſtament de leur Pere, ont vn ſacrifice & Sacrement tout enſemble en ce haut & incomprehenſible myſtere du corps de Chriſt, & vne verité d'autãt plus exquiſe que la figure, comme *le pain* *Pſalm.* 2.

vif est plus excellent que le mort, *le pain du ciel*, que celuy de la terre.

Que si ces argumens semblent trop subtils, venons à d'autres, qui bien que plus simples, ne seront pas moins pressans. N'est-il pas vray & cognu par l'experience ordinaire, que par le manger nous transmuons le pain en nostre propre substance charnelle, & le vin que nous beuuons en nostre sang? L'eau qui tombe du ciel pour arrouser la terre, selon les lieux où elle tombe, ne se change-elle pas? en vin à la vigne, en fruict, en feüille, en tronc, selon la diuersité des plantes qui la passent en alimēt. Et pourquoy ira-on desniant la parole de l'autheur de la nature, ce que la nature son ouurage opere tous les iours en suitte de sa parole, auec laquelle seule il luy a donné l'estre? Le seul miracle de Cana, où les accidens & la substance furent
Iean. 2. changez, doit faire cognoistre à tout esprit equitable, que ce mesme operateur de merueilles sçait encores le secret par son infinie & illimitée puissance, de chāger vne substance en vne autre sans alterer les accidens.

La femme de Loth changée en statuē

de ſel, ne varia rien en l'exterieur, ſa trāſmutation fut d'vne ſubſtance de chair en vne de ſel. Voyla pas vne ſubſtance changée ſans changement de la forme accidentelle & exterieure, & au rebours le corps du limon de terre rouſſe, dont Dieu compoſa Adam, prit vie & chair ſans varier la compoſition de la terre. Voila de la terre en chair, voila de la chair en terre, voila des tranſubſtantiations que Dieu a faictes és corps d'autruy, & il n'aura pas le pouuoir de chāger le pain en ſon corps. *Geneſ. 1.*

Que deuiendra donc cette parole indubitable, *que Dieu peut faire auec des pierres des hommes*, ce que les Payens ont creu eſtre de la puiſſance de leurs fauſſes diuinitez, ez inuētions de Niobé empierree, de Deucalion & Pyrrha, & des dents de Cadmus, pour n'eſtendre point d'auantage leurs ſonges, & tant de tranſmutations dont le plus ingenieux des Poëtes Latins a tiſſu vn grand ouurage.

Oſerions nous dire aux Errans que leur foy en ce poinct eſt moindre que celle des *Anges de tenebres qui croyēt & tremblent*? mais que croient-ils? eſcoutez ce que dit le Tentateur au Sauueur, *Si tu es* *Iac. 2.*

fils de Dieu, dy que ces pierres deuiennent pain. Voyez vous comme ce Demon recognoit que Dieu peut changer la pierre en pain, & pourquoy non le pain en chair?

Ie le croy bien, puisque la nature en se joüant change bien le pain en pierre: n'auez vous iamais veu des pains petrifiez, des chairs, des poissons, des arbres, des plantes petrifiées? cela est tant commun que rien plus. Il y a bien vn fleuue en Sicyone tellement empierrant qu'il petrifie les entrailles de ceux qui en boiuent, voire des corps tous entiers si vous les jettez en ses ondes, escoutez le Poëte.

Flumen habent Cyones quod potum saxea reddit
Pectora, contractũ inducens marmora rebus.

Errans quel diamant vous encerne le cœur, quel roc le vous enuironne, de vouloir dénier au pouuoir de Dieu les joüets de la nature, car vous noterez s'il vous plaist, que ces transmutations que nous venons de dire, se font de la substãce, non de tous les accidens, car le pain, le bois, l'entraille demeure en sa forme premiere, bien que sa matiere soit entierement changée. L'œil y est trompé &

non le toucher, & en la sacrée Transsubstantiation de l'Eucharistie l'œil & le goust y sont trõpez, mais non pas l'oüye: car comme dit l'Angelique S. Thomas, *la foy estant par l'oüye, & l'oüye par la parole de Dieu*, les paroles sacramentelles & diuines estans proferées, on ne void plus ce que l'on void, mais ce que l'on oyt, *la foy supplée au deffaut des sens, foy qui seule suffit pour consoler & consolider vn cœur loyal & fidelle.*

Apprenez Errans, & vous encor Catholiques, que les paroles de Dieu & celles des hommes ont vne grande difference, celles-cy ne sont qu'enonciatiues, mais celles-là effectiues, Dieu n'a ny pieds, ny bras, ny mains pour œuurer, auec quoy donc *qu'il operè tousiours?* auec la parole, *c'est son bras puissant, c'est son doigt merueilleux*,

Il dit, & soudain furent faicts
Tous ces ouurages si parfaits:
Il commande, & à son mandement
Tout est créé en vn moment.

Quand il a dit au grand œuure de la creation, *que la lumiere soit faite, & la lumiere a esté faicte*, quand il a dit, *que la seiche paroisse, voyla l'eau qui s'est retirée à part*, s'il dit au malade, *sois sain, ou, leue toy*, voyla la mala-

die qui s'enfuit, si au mort qu'il resuscite au premier son de sa voix, la vie reuient, *tout luy sert à baguette : car il est le Seigneur souuerain de toutes choses*. S'il change en Ægypte l'eau en sang, la poussiere en mouscherons, les verges en serpens, c'est sa parole interieure qui faict cela par l'entremise exterieure de Moyse, *Par sa parolle les cieux ont esté affermis, & toute leur force subsiste par l'esprit de sa bouche*. Allons plus haut dans le sein du Pere Eternel, & nous verrons que Dieu engendre vn Dieu de toute Eternité, & comment? par sa pa-
Psal. 2. role; *I'ay dict au Seigneur, vous estes mon fils, ie vous ay engendré auiourd'huy*; où vous noterez ce, *I'ay dict*, qui marque ce Verbe
Ioan. 1. Eternel & Increé. S. Iean tout ouuertement, *Au commencement estoit le Verbe, & le Verbe estoit en Dieu, & le Verbe estoit Dieu*. Or dictes Errans, ce que Dieu faict au ciel par sa parole, le pourra il point faire en terre? que deuiendra ce mot de Dauid, *Le Seigneur est au ciel, en la terre, en la mer, aux abysmes, qui faict tout ce qu'il luy plaist*? Mais ie vous prie, celuy qui de rien a faict ce grand tout, ne pourra faire qu'vne chose changeant de substance en deuienne vn autre? Croyez moy, vos esprits seront

pluſtoſt degradez de raiſon que vous n'aurez degradé Dieu de ſa toute-puiſſance. *Reuenez, ô pauurets, à voſtre cœur, Sulamites eſgarees, reuenez à vous meſmes, & conuertiſſez vous à Dieu & à la verité.* Eſcoutez Dieu tonnant pluſtoſt que parlant, *Cecy eſt mon corps*, il fait ce qu'il dit, car il faict en diſant. Es hommes, qui ſont foibles & menſongers, il y a vn grand chaos entre le dire & le faire, mais en Dieu ce ſont qualitez inſeparables, il porte le coup de l'effect quant & l'eſclair du mot: pource en ce myſtere il adiouſte, pour teſmoigner que ces mots adorables, *Cecy eſt mon corps*, ſont effectifs, non ſeulement enonciatifs, *Faites cecy en memoire de moy.* Quand vous les direz & profererez, il ſera faict; car il conclud, *toutes les fois que vous ferez cette action, vous renouuellerez ma memoire.*

Aillent donc les Controolleurs de la diuine Volonté & Puiſſance, demander à Dieu s'il a voulu ce qu'il a dit, & s'il a peu ce qu'il a dit: de vouloir! ô horreur, n'eſt-ce pas à l'imitation de Nembroth baſtir vne tour de Babel, Gen. 10. & 11. entaſſer Pelion ſur Oſſe, & mettre la bouche & le nez dedans le Ciel, que de ſe reuolter contre des paroles si claires & proferées par vne bouche Toutepuissante qui faict en disant.

Icy nos Antagonistes vsent d'vn stratageme de chasse : car forhuez à cor & à cry, & reduits aux aboys par la force des mots ils rusent par le chãge, sautans, comme l'on dict, des prez aux vignes, ou plustot de Charybde en Scylla. Car si on leur serre le bouton du costé de la Toutepuissãce, premier article de nostre foy, si on leur demande, si Dieu n'a peu rendre son corps present reellement, substantiellement & de faict en ce mystere, ils seront contraints de respõdre qu'ouy: mais qu'il ne l'a pas voulu ; si vous leur faittes voir les paroles expresses plus claires que la mesme lumiere, pour manifester sans ambages, sans tropes, sans figures, vne pure & simple volonté emanée d'vn entendement diuin, qui ne peut mentir, ny tromper, ny amphibologiser, & qui peut tout, les voyla qui faisans semblant d'aduoüer qu'il l'aye voulu, se relanceront dans l'impossible, & diront par de petites raisonnettes de la nature, qu'il n'a peu, comme si Dieu s'estoit lié les mains, & auoit borné son pouuoir illimité

limité dans la circonference de ſon ouurage. Batus, combatus, iamais abbatus, vaincus non conuaincus, ils diront & croyront tout ce que l'on voudra, excepté ce qu'il faut dire & croire, tant il eſt vray que ceux qui ont fait banqueroute à la foy, *cheminent en vn cercle agitez d'vn eſprit de tournoyement.*

Or parce qu'ils ſe voyent greſlez du coſté de la Toute-puiſſance, auec laquelle c'eſt folie d'impugner, ils ſe iettent dãs vn nuage d'interpretations differentes, qui toutes aboutiſſent à ce point, de faire dire au Sauueur, declarant que, *cecy eſt ſon corps,* par des conſequences reformement neceſſaires, que *cecy n'eſt pas ſon corps,* le tout par des illuſions ridicules, pluſtoſt que par des illations raiſonnables.

Or dittes moy donc, mon frere Errant, Dieu l'a peu, s'il la voulu, *car nulle parole luy eſt impoſsible,* dit l'Eſcriture : or pour monſtrer qu'il l'a voulu, ie ne veux autre tribunal que voſtre propre conſcience, ſ'il ne l'a pas voulu, pourquoy a t'il dit, *Cecy eſt mon corps?* Oſeriez-vous le cõparer à ces Oracles anciens, qui prouenans du Pere des menſonges, eſtoient tellement ambigus, qu'ils ſignifioient Luc. 1.

E

l'ouy & le non. Ce seroit vn trop grand sacrilege que de penser cela du Dieu de Verité. S'il l'a voulu, pour Dieu (& ie vous cõiure de cecy par le salut de vostre ame) dittes nous, comment il auroit peu ou deub dire autrement, pour exprimer sa volonté, qu'en ces termes, *Cecy est mon corps*: à cela si vous respondez, vous me serez vn grand Apollon.

Mais ne pressons pas dauãtage cette Verité, de peur de les oppresser, & oppressez les porter plustost au precipice du desespoir, qu'à vne paisible & amiable recognoissance; Contentons nous de croire simplement; ô Catholiques, que Dieu l'a dit, & partant qu'il l'a voulu, s'il l'a voulu, qu'il l'a peu, s'il l'a peu, qu'il l'a fait, s'il l'a fait, il y faut acquiescer. *Captiuans nos entendemens soubs l'obeissance de la foy.*

II. Que si nous desirons guerir le mal de leur aueuglement, il m'est aduis que le principal est de faire vne serieuse & exacte enqueste de la cause. Car ie vous prie pourquoy est-ce que tous les Errans se bandent ainsi violemment contre vn texte si formel, contre vne tant expresse Verité? c'est ce qu'il nous conuient rechercher auec attention & induſtrie.

Seroit ce point parce que leurs conſciences, pour la plus grand part vlcerees (l'hereſie eſtant la punition de plusieurs maux) fuyent la reelle preſence de Dieu à guiſe des criminels, qui ne haïſſent rien tant que de paroiſtre deuant leurs Iuges: comme il appert en l'exemple d'Adam, ayant preuariqué, *L'inſenſé a dit en ſon cœur, il n'y a point de Dieu, pourtant il s'eſt corrompu, ſe rendant abominable, inutile, forlignant du ſentier de droiture, il a ſaly ſes voyes, n'ayant plus de diuinité deuant ſes yeux*, pource eſt il eſcrit des faux vieillards de Suſanne, que ſe ſentans coulpables, *ils raualerent leurs yeux pour ne pas voir le ciel*, teſmoing de leur iniquité. Et les reprouuez au grand iour des aſſiſes vniuerſelles, pour euiter l'aſpect & la preſence de ce Iuge formidable, diront ils pas *aux montagnes qu'elles fondent ſur eux*? Tout pecheur, en tant qu'il peut, aneantit la diuinité, car il voudroit, ou que Dieu ne le vit pas, quand il peche, qui eſt luy arracher la prouidence, où qu'il ne le puniſt pas, qui eſt luy oſter la iuſtice, & cela eſt le detrôner & le deſ-

Gen. 3.

Dan. 13.

poüiller de ce qui luy est le plus essentiel, *Celuy qui faict mal, hayt la lumiere, or Dieu est toute lumiere, & où les tenebres n'ont point d'accez*: se faut il donc estonner, si l'heresie, qui est le comble des pechez, ne pouuant d'vn effort Gigantique oster Dieu du ciel, tasche de l'enleuer de la terre, mais sa reelle presence au mystere Eucharistique?

Seroit-ce point, que comme les corps vlcerez redoutent le choc & le heurt de ceux qui sont saints, aussi les ames cauterisees des Errans, craignissent le rencontre du vray corps du Sauueur, qui comme vne pierre Lydienne feroit bien tost recognoistre combien leurs consciences sont de bas aloy. C'est la vraye touche où s'espreuuent les francs courages, les cœurs nets & purs, *car Christ est vne pierre d'edification aux vns, de ruine aux autres; heureux qui bastit comme il faut dessus ce roc, mais malheureux celuy sur qui il tombe, car il en est tout* Matth. 21 *froissé & escrasé*: pour cela le grand Apostre corne si hautement, *que l'homme s'espreuue auant que taster de ce pain, afin de le manger auec discernement*. Et c'est cette espreuue que fuyent les desuoyez: & de faict entre ceux qui par leur desastre se separent de l'Eglise, l'experience nous a faict cognoistre que la plus grand part craignent la touche de la saincte Confession, & la fuyent comme la face de l'are pointé contre leurs vices, ils cherchent des tenebres du libertinage pour mettre à l'abry la noirceur de leurs âmes.

Hic niger est, hunc tu Romane caueto.

Escoutez, de grace, leur sentiment conforme au langage de ces desesperez, chez Hieremie, *Venez*, disent ils, *en leurs conseils, iettons des pailles & des buschettes dedans le pain de ce iuste, circonuenons le en ses paroles*, les interpretans par circonlocutions, *aussi bien est il inutile à nos yeux, arrachons le de la terre des viuans, & que l'on ne parle plus de son nom.* Pauures Errans, ne taschez vous pas de pratiquer ces paroles à la lettre, car ces tropes trompeurs, *ces figures*, *ces significats*, ces metaphores fantastiques, imaginees en ces paroles si claires, *Cecy est mon corps*, que sont-ce, sinon des buchettes iettees dans ce pain de vie, afin de le rendre pain de mort, & faire estrangler les ames qui gousteront vostre Cene Pre- Ierem. 11.

tenduë. Mais ne dittes vous pas, *que sa presence est inutile*, puisque vous la reiettez? n'est ce pas *l'arracher de la terre*, que la soustraire de ce Sacrement? en fin ne faites vous pas vostre possible, *par vostre Christ* reformé, pour abolir ce beau nom de *Iesus*, de la terre, *beau nom adoré au ciel, sur terre, & soubs terre*, par toutes les creatures & redouté des diables, mesmes en cela plus respectueux que vous, ô Errans qui le desdaignez?

Seroit-ce point que comme les singes haïssent les miroirs, où ils apperçoiuent leur laideur, & les chameaux l'eau claire où ils voyent leur deformité, ceux cy troublans les sources, ceux-là cassans les glaces cristalines, pour s'oster le desplaisir de se recognoistre ridicules: Ainsi les Errans brisassent & troublassent cette Verité de la reelle presence du corps du Sauueur en l'Eucharistie, parce que c'est *vn miroir sans tache*, parce que c'est *vne source d'eau viue*, parce que là est celuy qui est appellé, *le plus*
Psal. 44. *beau de tous les enfans des hommes*, aupres duquel leur hydeuse deformité a honte de comparoistre.

Seroit-ce point que comme ceux

qui ont beu le suc de l'herbe Ophiusa, ne voyent que des fantosmes: aussi ces pauures gens ennyurez du hanap de cette femme malencontreuse de l'Apocalypse, symbole de l'heresie, ne vissent que des ombres & figures en vne si manifeste Verité: pareils à ce chien de la fable, qui lascha le corps pour la representation, perdant l'vn & l'autre, & demeurant famelique.

Ne vous semble t'il pas, mes freres, que leur procedé est aucunement semblable à celuy de Michol, qui ayant reuestu vne statuë des habits de Dauid, la mit dedans son lit, trompant ainsi les gens de Saül, pendant qu'elle couloit son mary par vne fenestre? Tant de sens detorquez, tant d'interpretations extrauagantes donnees aux paroles Sacramentelles par les Errans, que sont-ce, sinon autant de fenestres, d'où ils precipitent la pauure Verité, qui ne doit entrer ou sortir *que par la vraye porte* de la bouche de celuy *qui est la voye, la verité, & la vie*: & puis ils habillent vne figure des mesmes habits de Dauid, c'est à dire, soubs les mesmes especes

1. Reg. 19.

& accidens de pain & de vin, ils ne donnent qu'vn corps imaginaire, fantastic, & representatif, au lieu *de la vraye chair, & du vray sang du Sauueur*, n'est-ce pas abuser le monde d'vne piperie deplorable? *O insensez, quelle fascination vous possede*, donnans creance à de telles chimeres: en fin les emissaires de Saül recogneurent la fourbe de Michol, he! quand sera-ce que vous verrez à clair la fallace de l'erreur qui vous aueugle? ce sera *quand vous circoncirez vos cœurs*, quand vous reprimerez vos iugemens particuliers, *quand vous ne ferez point de resistance au sainct Esprit, quand ne cheminant plus en la vanité de vostre sens*, vous acquiescerez à la force des paroles Euangeliques.

1.Reg.3. La debilité des yeux de Hely ne luy permettoit pas de pouuoir voir la lampe du temple, sinon quand elle estoit esteinte à guise de ces oyseaux nocturnes qui ne voyent qu'emmy les tenebres, parce que la foiblesse de leur veuë ne peut soustenir l'esclat du iour. O Errans, seriez vous point de ce naturel, puisque priuez de l'œil de la foy, vous estes si clair-voyans és raisons humaines, & si aueugles en la splendeur surnaturelle des diuines? Quoy, ne pouuez-vous donc voir ce Sacrement, qui eſt la lampe & le grand chandelier de l'Egliſe militante, *eſtant le meſme Agneau qui l'eſt de la triõphante*, ſinon quand ſa lumiere n'y eſt plus, ſinon quãd vous en faites eclypſer la preſence de celuy *qui eſt la lumiere du monde*? de quelle humeur eſtes-vous de vous plaire à la fumée d'vne meſche, vous repaiſſans d'vn *ſignificat*? On dit que la vapeur d'vne chandelle eſteinte prouoque les abortifs. O quand pourrez-vous faire auorter à vos cerueaux ceſte monſtrueuſe opinion, ſemence du *ſurſemeur de Zizanie du pere de menſonge*!

Comment, ne pouuez vous donc voir la face de noſtre vray Moyſe toute reſplendiſſante de rayons en ce Soleil des Sacremens, ſi elle n'eſt couuerte d'vn voile figuratif? au moins imitez les Iſraëlites, en ne le voyant pas croyez à ſa parole, il eſt bien autrement croyable que ce Legiſlateur, il eſt Dieu, qui peut tout ce qu'il veut, qui veut tout ce qu'il dit: *Exod.*

Il le peut, il le veut, il dict, il le faut croire. Toutes les raiſonnettes que la nature vous peut ſuggerer pour contre-lutter ceste toute-puissante Verité, sont de neige, de rosee, de cire, à la face de ce Soleil.

Mais se faut-il estonner, mes chers freres, s'ils mécognoissent ainsi l'Espoux, puisqu'ils traittent son Espouse auec tant d'indignité? la desdaignant pour Mere, non, ils ne sçauroient auoir le Sauueur pour Pere. Dauid pour posseder Bersabée, pourpensa de se défaire d'Vrie, & ceux-cy pour deposseder l'Espouse de l'Vniuers que son Espoux luy a donné pour doüaire (car l'Eglise est Catholique, c'est à dire vniuerselle) ils la veulent priuer de ceste chere presence de son bien-aymé, *qui luy a promis vne continuelle assistance iusques à la consommation du monde*. Les adulteres vieillards qui tentoient la pudeur

Dan. 13. de l'innocente & chaste Susanne, pour tirer sa condescendance à leur impureté, luy representoient entre autres raisons, que nul n'en sçauroit rien, que son mary n'y estoit pas, que leur abomination seroit cachee soubs l'abry d'vn eternel silence. Et les Errans pour corrompre l'immaculee & incorruptible Eglise de Dieu,

Ephes. 5. *que Iesus a lauee en son propre sang pour la rendre belle, sans ride, sans tache, glorieuse & paree d'honneur*, ne luy suggerét-ils pas l'absence de son mary autant loingtaine, que le ciel est escarté de la terre? Leur langage retire fort à celuy de ceste malheureuse, dont faict mention le Sage en ses Prouerbes: *Venez* (dit-elle à cet inconsideré jouuenceau qui brusloit impuissâment au flambeau de ses yeux les aisles de ses desirs) *mon mary n'est pas en la maison, il est allé bien loing, il a porté vn gros sac d'argent auec soy, il ne retournera qu'au iour de la pleine Lune* Et que disent les Errans, sinon que le Christ est monté au ciel, qu'il est assis, voire mesme cloüé à la dextre du Pere, qu'il ne s'en peut détacher, sinon quand il viendra en la plenitude des temps iuger les viuans & les morts: somme qu'il est si loing qu'il n'a garde de reuenir. Pauurets! comme si ce *Seigneur qui sied à la dextre du Seigneur, ne pouuoit pas enuoyer la verge de sa vertu du haut de Sion pour dompter ses ennemis, comme s'il n'estoit pas en la splendeur des Saincts, Prestre eternellement, selon l'ordre de Melchisedech.* Comme si les Catholiques disoient que pour estre sur les Autels il desistast d'estre à la dextre de son Pere: ains nous croyons qu'il est là & au Sacrement, la toute diuine puissance pouuãt aussi biẽ mettre vn mesme corps en diuers lieux, q̃ deux corps en vn

Prou. 7.

mesme lieu. Ce qui arriuera en la penetration du cloistre virginal, du sepulchre, & de la porte close.

Mais pour mettre fin à ceste enqueste des causes qui leur font combattre ceste Presence reelle, ie penserois que comme precurseurs de celuy qui doit faire tous
Dan. 11. & 12. ses efforts sur le declin des siecles pour abbatre *ce continuel Sacrifice*, la iuste permission de Dieu les tolere en nos iours, *pour*
1. Cor. 11. *l'espreuue & manifestation des fideles*. Et certes nous voyons par experience que comme la queux esguise le fer, & l'eau des Forgerons rengrege la flamme, aussi la Verité s'esclaircit & se renforce par leurs oppositions, jettant comme vn grand arbre de plus profondes racines dans les cœurs des croyans, plus elle est agitée du vent des contradictions.

III. Contradictions que ie laisse comme des espines, pour espancher deuant vous, mes freres, les roses de quelques considerations plus souëfues. Considerations qui vous exhorteront à la manducation de ce pain vif & sur-substantiel auec les circõspections requises. Car voyez-vous, mes chers amis, ce n'est pas sans grande cause que l'Apostre nous cõseille de nous esprouuer soigneusement & serieusement, *reuisitãs Hierusalem*, nostre interieur, *auec des lampes*, pour en oster tout ce qui pourroit offencer les yeux de ce Dieu *jaloux & qui abomine l'iniquité*. Dautant que celuy *qui comme vn animal sans entendement* reçoit peu iudicieusement ceste viande sacrée, au lieu d'y trouuer la science du bien & du mal, & le fruict de vie, il y trouue la sentence de sa condemnation, & au lieu de la douceur du miel, comme vn autre Ionathas, il y rencontre l'eguillon de la mort, *mangeant & beuuant son iugement*, dit l'esprit Apostolique, *pour n'auoir pas discerné le corps du Seigneur* d'auec les viandes communes. 1. Rg. 14.

Vous sçauez comme l'eau de jalousie qui embellissoit jadis la femme innocẽte, faisoit pourir la cuisse de la coulpable, voire la faisoit creuer: il en est de mesme de ceste *eau de refectiõ, elle desire nostre conuersion, & que nous cheminions és sentiers de iustice*, autrement *elle nous faict pourir en la fuce de nostre imprudence*. Num. 5. Psal. 22.

Helas! l'exemple en est illustre, & neantmoins horrible en l'Apostre apostat & traistre: car pour auoir apporté à sa reception de ce diuin mystere vne ame

vlceree de perfidie, & cauterisee de desloyauté. Voyla que le texte sainct dit que
Iean.13. quant & ce precieux gage d'amour *Sathan entra en luy*, qui en fin le traina à ceste fin tragique & desesperee de *se pendre soy-mesme & creuer par le milieu*, ne pouuant supporter ceste eau de jalousie, par ce que *son ame auoit adulteré* auec l'auarice & l'infidelité.

Vray Dieu! est il possible que l'Ange de tenebres se subroge en la place de *celuy du grand conseil & de toute splendeur*? n'est-il pas escrit *que la lumiere n'a aucune conuenance auec l'obscurité, ny Christ auec Belial*? Comment donc se peut-il faire que Sathan se soit introduict en ceste malheureuse ame en mesme temps que celuy-là y entroit qui chasse les demons des corps qu'ils possedent? Voyez-vous, le mesme Dieu qui est par tout par essẽce, presẽce & puissãce, est aussi bien en Enfer qu'en Paradis: mais en Enfer il est terrible & punissãt, en Paradis gracieux & glorifiant: ainsi le corps du Sauueur porte l'Enfer en vne ame peruerse; *car sa ialousie est dure comme l'Enfer*, & le Paradis en vn cœur bien disposé: car il est escrit, *que le Royaume des cieux est dedans nous.*

Pourtant ne vous estonnez plus si de la mesme Escriture saincte, d'où le fidele par l'organe de l'Eglise, tire des instructions salutaires, l'Errant par les suggestions du mauuais Esprit, tire des intelligences erronees & fausses, puisque la chair du Verbe, & le Verbe ou parole de celuy qui s'est faict chair, produisent des effects contraires, selon la difference des dispositions, le receu, selon la maxime, tirant sa forme du receuant.

Le mesme Nil qui feconde l'Egypte auec sa vase limoneuse, de ceste matiere visqueuse engendre les Crocodilles qui la ruinent. *Ceste mesme moëlle de froment qui engraisse les ames pures*, excite és impures vne fourmiliere de remords qui les rongent & deuorent impitoyablement.

Ce Sacrement est vne mer, car c'est le receptacle de toutes les eaux des diuines graces: mer rouge du sang du Sauueur qui y roule intarissablement; mais mer rouge où se noye le pecheur Egyptiẽ auec les cheuaux & chariots, auec tout l'attirail de ses vanitez, & où se sauue le *vray Israelite qui y procede franchement, humblement, sans fraude, & à la bonne foy.*

C'est le banquet royal du fameux Asſuere, où les faſtueuſes Vaſthis ſont repudiees, les humbles Eſthers eſleuës & eſleuees, où les iuſtes & innocens Mardochees ſont exaltez, où les malicieux Amans filent le cordeau de leur gibet.

C'eſt l'eſchelle myſtique par laquelle les dignes montent au ciel : *car celuy qui mange ce pain viura eternellement*, & les indignes deſcendent aux Enfers, *comme la viande eſtoit encor en leur bouche*, eſt-il eſcrit des enfans d'Iſraël, *voyla que l'ire de Dieu vint ſur eux, & ils deſcendirent en Enfer tous viuans.*

Ce fut vne miſericordieuſe punition que celle dont vſa le grand Dieu enuers nos Protoplaſtes, quand ils eurent preuariqué, commandant à ſon Ange de les mettre hors du Paradis terreſtre, *de peur*,
Geneſ. 3. dict le texte du Geneſe, *qu'ils ne mangent du fruict de vie, & viuent eternellement.* Car la diuine prouidence recognoiſſant les grandes calamitez auſquelles ce funeſte morceau deuoit plonger Adam & ſa miſerable poſterité, elle eſtima faire beaucoup pour noſtre nature que de les amoindrir par l'incertitude & briefueté de la vie. Thitonus, ſi nous agreons les imaginatiõs des Poëtes, accablé de vieilleſſe

& de

& de caducité, demanda-t'il pas auec autant d'auidité de mourir, qu'il auoit ſouhaitté l'immortalité auec ardeur. La Iuſtice diuine ſera bien plus rigoureuſe enuers ceux qui mettront indignement la main ſur ce fruict de vie, le treſſainct Sacrement, au Paradis terreſtre de l'Egliſe militante: car ils en ſeront punis d'vne malheureuſe immortalité, mourans eternellement en vne vie infernale, viuans miſerablement en la mort eternelle, *broutez à iamais aux Enfers d'vne renaiſſante mort.*

Helas! mes tres-aymez freres, ne ſoyons pas tant inconſiderez que de changer ainſi la vie qui n'a point de mort, à la mort, qui n'a autre vie qu'vne mort touſiours viuante. Serions nous bien ſi perdus que de rendre par noſtre malice, inſtrument de damnation, ce qui nous doit ſeruir de clef pour nous introduire aux Tabernacles celeſtes? Non, non, *anticipons & preuenons la face* de l'Eſpoux de nos ames, *par de bonnes confeſſions*: c'eſt la preparation que l'Egliſe noſtre Mere nous commande auant la reception de ce myſtere ineffable. Pſal. 94.

Ce pain diuin comme celuy d'Elie, veut 3. Reg. 19.

estre cuit & digeré soubs la cendre de la Penitence, comme il est caché soubs la cendre des especes.

Exod.3. Approchons nous donc de la montagne du sainct Autel à l'instar de Moyse, les pieds deschaussez, l'ame nette de toute affection au peché, pour y commercer & conuerser auec nostre bon Dieu dans le buisson ardant de son amour incomparable. Et souuenons-nous qu'il est *vn Dieu de feu*, duquel comme de cét element il se faut approcher auec beaucoup de circonspection.

Que si la cruche depositaire de la Manne estoit toute d'or, metal le plus pur de tous, quelle diligence deuons-nous faire pour rendre nos cœurs des vaisseaux de sanctification, changez au fin or de la Charité, *or d'ophir*, *or tres-pur*, auquel est comparé *le chef du bien aymé* aux Cantiques. A ceste saincte preparation sont conuiees les bonnes ames par les aiguillons amoureux de la bonté, misericorde, & liberalité d'vn si doux amant, & les esprits plus durs & reuesches par la terreur & la crainte de sa seuere Iustice.

Ie brise icy, mes chers amis, vous remettant deuant les yeux 1. combien est claire & inuincible la Verité de la presence du corps du Sauueur en la saincte Eucharistie. 2. Combien sont iniustes ceux qui taschent de l'obscurcir. 3. Que ceste sacrée Presence requiert de nous vne iudicieuse preparation pour la reception d'vn tant redoutable mystere.

Allez en paix.

SAMEDY.

Que l'Eucharistie est le Sacrement d'Amour.

HOMELIE III.

In me manet, & ego in eo. Ioan.6.

ACREE metempsychose d'Amour que ces paroles nous representent : car n'est-ce pas le grand effect de l'Amour accõply quand l'amant vit en l'aymé, & l'aymé en l'amant? Mais, mon Dieu, mon Seigneur, pourquoy voulustes-vous qu'vn de vos Cherubins auec vn glaiue flamboyant & versatile, se tint à la porte du Paradis terrestre apres la honteuse & iuste expulsion de nos premiers parens? Estoit-ce pour leur tesmoigner par ce feu le courroux de vostre indignation, *comme vn torrent de flammes sortant de vostre face*? Estoit-ce pour leur enſeigner que s'ils ne faiſoient penitence, le feu eternel leur eſtoit preparé auec les Anges rebelles? Eſtoit-ce pour leur denoter *que le feu, la greſle, la neige, & la glace eſtoit la part du calice* de leur rebellion? Eſtoit-ce pour *leur ſignifier qu'ils euſſent à fuir deuant l'arc de voſtre ire?* C'eſtoit bien tout cela, mais principalement pour leur apprendre que iamais ils n'iroient en l'Eden eternel qu'ils ne fuſſent purgez par le feu de l'Amour, & pour marquer à leur poſterité que nul ne ſeroit capable de mãger du vray fruict de vie, le corps & le ſang du Sauueur, dans le Paradis celeſtemẽt terreſtre de l'Egliſe, s'il n'eſtoit trãſpercé du glaiue du diuin Amour. Mais glaiue de feu different des autres qui diuiſent, au lieu que cét element vnit: glaiue qui *entre iuſques aux moëlles & aux cartilages*: glaiue penetrant iuſqu'au plus profond des cœurs pour nous enter, quoy que *ſauuageons, en vne bonne & franche oliue*. Eſprit ſainct, *viue ſource de feu, charité* eternelle & increée, qui vniſſez par vn lien incomparable le Pere & le Fils: venez belle lampe *des enfans de lumiere, illuſtrer nos tenebres, allumez dans nos cœurs le feu de voſtre Amour* auec le charbon ardant de ce Sacrement adorable. Nous vous en supplions par vostre Espouse, *dont les emissions sont vn Paradis, par la Mere de la belle dilection.*

Aue Maria.

QVE la sacrée Eucharistie soit le Sacrement du comble de l'Amour, mes tres-cheres ames, c'est vne proposition si claire & si vraye, qu'elle n'a besoin ny de demonstration, ny de preuue. Mon intention est en ce discours d'exciter ce feu desirable en vos cœurs, vous deduisant 1. les circonstances du temps auquel fut institué cét amoureux mystere, 2. les delices de ce pain des Anges. 3. que de sa matiere le pain & le vin, nous pouuons tirer vn grand argument d'Amour. Prestez vostre fauorable attention à vn subjet tant amiable.

I. Il est vray qu'aux adieux, se font, entre amis, les plus viues & estroittes accolades. Regardez auec compassion la separation violente de cét incomparable pair en termes d'amitié, Dauid & Iona-

1. Reg. 18.

thas ; *Ionathas qui aymoit Dauid comme ſa propre ame*, *Dauid qui aymoit Ionathas par-deſſus l'amour des femmes*, amour violent & cuiſant. Ah ! diſoit cettuy-cy, faut-il que nous-nous eſcartions en la vie, nous *que la mort meſme ne ſçauroit diuiſer*? Cruelle hayne de Saül, tu es ceſte lance impitoyable qui deſtacha les corps de ceux *dont les ames ſont collées* d'vn ciment qui ne ſe peut diſſoudre, non pas meſme par le tombeau. Mais il faut que Ionathas retourne à ſon pere par la loy de l'obeyſſance, & que Dauid ſ'eſcarte de la Cour par la loy d'vne rigoureuſe diſgrace. Que feront ces amis ? ils ſ'embraſſent, ains ils ſ'embraſent, ils renoüent de rechef les liens de leurs fideles proteſtations. Choſe admirable ! Ionathas contre le train de la ialouſie de regner, ayme eſperduëment ſon riual en la ſucceſſion de Saül au Royaume d'Iſraël ; il ſe deſpoüille iuſques *à ſa chemiſe*, & donne ſes habits à Dauid, voire *& ſes armes, ſon eſpée, ſon arc, ſes fléches & ſon carquois*. Quoy plus, par la loy de l'Amour, il luy donne ſon ame ; voulez-vous vne plus grande dilection? Ceſſez neantmoins de l'admirer, mes amis, ſi vous jettez les yeux ſur l'incomparable amour de *Ieſus*. Voyla que non content, *pour nous autres hommes , & pour noſtre ſalut*, d'auoir quitté le Royaume, non d'Iſraël, mais des Cieux, pour le nous acquerir, & nous en rendre heritiers & poſſeſſeurs par ſa mort & ſon ſang , eſtant preſt de quitter la compagnie de ſes chers Diſciples pour aller, Hoſtie *d'oblation volontaire* , ſe victimer à la Iuſtice de ſon Pere Eternel ſur le Caluaire, *ayant touſiours aymé les ſiens pendant ſa vie, à la fin de ſes iours il les ayma encores* auec extremité : car auant que de prendre congé d'eux à la derniere Cene il les embraſſe, les exhorte , les endoctrine , leur laue les pieds ; & en fin leur faict ce preſent ineſtimable de ſon Corps & de ſon Sang , de tout luy-meſme, non ja ſeulement de ſon eſpée, de ſon bouclier, de ſon arc , & de ſa trouſſe ; ſi nous ne voulons dire (comme nous prouuerons quelqu'vn de ces iours) que ſes armes denotent la grande force encloſe en ce myſtere amoureux. Et quelle force eſt comparable à celle de l'Amour, puiſqu'il ſurmonte Dieu meſme ? ouy, cheres ames, nous n'y auons pas ſeulement les habits & la chemiſe de noſtre Ionathas, mais ſa propre chair, nous y auons *l'eſpée que ce Seigneur des Seigneurs porte ſur ſa cuiſſe*, ſa ſacrée humanité, *nous y auons le bouclier des forts, le bouclier de la verité*, l'arc de ſon corps tendu en la Croix; mais qui eſt le plus, la trouſſe & le carquois du Dieu du Sainct Amour, *plein de fleches ardentes, de trais aigus*, pour ardre & trauerſer les cœurs plus glacez & impenetrables.

Mon Ieſus, tant il eſt vray, *que les eaux des ingratitudes ne peuuent amortir voſtre immenſe charité*, qui comme vn feu gregeois s'y va rengregeant, & s'embraſant de cela meſme, qui ſembleroit la deuoir eſteindre. Tandis que le deſloyal Iudas vous trahit, voſtre cœur amiable proiette de luy donner ce ſainct gage, & n'y a trahiſon qui tienne que vous n'entriez en luy pour taſcher de ramolir ſon cœur. Au meſme temps que les barbares Iuifs machinent de vous faire ſouffrir vne mort la plus douloureuſe & ignominieuſe de toutes les morts, vous leur preparez *vn pain de vie*, ils ſe diſpoſent à vous abbreuuer de fiel, & vous leur preparez le miel & la manne de voſtre corps & de voſtre sang, *ils vous veulent ennyurer d'absynthe*, & vous les desirez *ennyurer du laict que vous auez soubs la langue, en vos saintes mammelles.* O mon Sauueur, c'est plustost, & mieux fait, d'adorer cette Charité, que de l'oser dire. O innocent Agneau, c'est donc ainsi que vous reuestez de vostre laine ceux qui vous escorchent, & que vous nourissez de vostre chair ceux qui vous coupēt la gorge, benie soit vne telle bonté. Mais que reserue cette bonté à ses amis, si elle est si prodigue enuers ses ennemis?

I'ay desiré d'vn grand desir (phrase qui marque l'excez de son amour) *de manger cette Pasque auec vous*, dit-il à ses bien-aymez disciples, diriez vous pas que cet Amant est autant desireux de s'vnir à nos ames, que fut oncques Iacob de se voir ioint à sa Rachel, pour laquelle que fit-il? mais que ne fit-il pas? la premiere fois qu'il la vid au puits de l'abreuuoir, il lança vn haut cry pressé de la vehemence de la douceur douloureuse, dont son ame fut attainte: ah mon vray Iacob, ie vous entends, criāt à haute voix; *Si quelqu'vn a soif qu'il vienne à moy, & qu'il boiue, venez & achептez sans argent du laict & du miel, vous vous estes vendus gratis, vous serez racheptez gratis: venez à moy vous qui estes trauaillez &*

Gen. 29.

accablez, & ie vous rauigoreray, & refectiõneray. A quoy tiẽt-il, benites ames, que nous ne ſoyons auſſi deſireux de nous vnir à noſtre eſpoux, comme nous le voyons eſperdu d'entrer chez nous, *la teſte pleine de la roſee des graces, & diſtillante des gouttes de ſes ſuauitez?* ferõs nous touſiours la ſourde oreille, comme cette fille pareſſeuſe, *qui le cherche par apres,* bien eſmeuë, *& ne le trouue qu'apres beaucoup de trauaux?* Helas, cõſiderez combien de pauures ames languiſſent, alterees dãs le purgatoire (car les dãnees ſont perduës à iamais) *qui deſireroiẽt bien ſe raſſaſier des miettes de ce que nous auons de trop,* & ſe rafraiſchir d'vne goutte de ce ſang que nous pouuõs ſuçer à longs traits dans le ſein d'Abraham la ſaincte Egliſe par des Communions frequentes.

Qui nous donnera, diſoient les amis de Iob, *de nous raſſaſier de ſa chair?* hé! le voyez vous noſtre bon Iob tout chargé de playes, diſtillãt de ſang de tous coſtez, eſtalé ſur la boucherie du Caluaire, mais qui ſe debite ſur l'eſtau du S. Autel, d'vne façõ pl⁹ douce, parce qu'elle eſt incruente. Qui nous empeſche *de nous rẽplir des biẽs de ſa maiſon, de nous enyurer de ſon abõdance, & du torrẽt de ſes voluptez?* qui nous empeſche *d'en faire regorger nos greniers? ab! les ans de famine* viendront, cigales mondaines, l'hyuer viendra, *& le temps auquel il ne sera plus temps d'œuurer*, pour Dieu ne laissons pas nos ames fameliques, ayans tout en main le pain de vie.

Il s'en va donc le Sauueur, & où? à la mort, & de la mort à son Pere, au mesme temps qu'il nous donne son cœur en ce Sacrement amiable: mais que dis-je, son cœur, ains le cœur de son cœur, sçauoir les plus tendres affections de son cœur: oyez l'Eglise,

In mortem à discipulo
Suis tradendus æmulis,
Prius in vitæ ferculo
Se tradidit discipulis.

Ainsi quand le Soleil est proche de son couchant, il lance des rays plus doux & mignards, & nostre Soleil d'Orient prest de se cacher soubs la lame, darde ses plus cheres caresses.

Quand les hommes sont proches de leur trespas, c'est lors que leurs recommendations sont plus affectueuses, leur cœur plus ouuert & dilaté, leurs termes plus energiques, car lors,

Les plus vrays sentimens sortent du fond du cœur
Lucret. *Sans aucune feintise.*

Et comment se pourroit-il faire, ô Errans, que celuy qui est la voye, la verité, & la vie, en nous disant, *Cecy est mon corps*, se fust escarté en cet instant en des intelligences destournees & tropiques, en des metaphores esloignees de la verité, nous donnant vn pain mort, & seulement symbolique, en nous promettant *vn pain vif, vn pain de vie, vn pain supersubstantiel.*

De grace, ô Catholiques! ne nous portons point heritiers de nostre Pere soubs benefice d'inuẽtaire, comme s'il eust esté vn imprudent mesnager, c'est luy qui est le bon Vigneron, le bon Laboureur, le bon Pere de famille Euangelique : acceptons son heritage purement & simplement, receuons son Testament, comme il somme, *non interpretatiuement*, recognoissons son immense charité, qui nous a fait tous heritiers, non de ses canaux, non de ses images, non de ses tableaux, non de ses ombres, non de ses figures, mais de son propre corps, mais de soy-mesme, solidement & solidairement, reellemẽt & substantiellement, non imaginairement & fantastiquement, ne soyons pas ingrats enuers sa liberalité, ne receuans qu'en peinture ce qu'il nous donne en effect.

La manne est passee, *qui n'estoit que l'ombre du bien futur*, que nous possedons, *nos Peres l'ont mangee au desert, & sont morts*, dit le Sauueur mesme, *mais le pain viuant qu'il nous donne nous doit guarantir de l'eternelle mort.*

Testament admirable, par lequel nostre Pere tout puissant s'en allant, demeure auec nous, *nous laisse vn peu, & apres ce peu reuient*, cache sa presence visible, nous la communiquant inuisible, *nous regardant comme vn espoux ialoux à trauers les treilles* des especes sacramentelles, par vne substitution incomprehensible, non successiuement, mais en mesme temps: il nous donne à tous tant que nous sommes, l'heritage de son corps, *& la participation de son calice*, entieremẽt, & sans discussion ny diuision, *sic totum omnibus quod totum singulis*: à guise du Soleil qui se communique tout à tous, & tout à vn, tout à vn, cõme à tous, tout à tous, comme à vn: *merueille de celuy qui seul sçait faire les miracles, & duquel nous deuons publier à iamais les nompareilles inuentions.*

O bon Pasteur! n'estoit-ce pas assez que vous nous eussiez promis, *que qui entreroit par vous, vraye porte du ciel, trouuerroit le sa-*

lut, & en ce ſalut, des paſturages abondans? N'eſtoit-ce pas aſſez, *qu'en nous gouuernant, & nous pouruoyant de tout, vous nous euſsiez mis en des paſquis tres fertiles, arroſez des plains courans de refection,* ſans encores *nous dreſſer vne table au deſert, non de manne,* non de ſimple pain, *mais de chair,* non de chair morte, *qui ne profiteroit de rien* pour la vie de l'ame, mais *de viue & viuifiante, ſans engraiſſer nos reſtes de l'huile de voſtre ſang eſpanché, & nous ennyurer de cet excellent calice* plein des meres gouttes de voſtre pur Amour. Certes, c'eſt bien le propre des bons Bergers, affectionnez vers leurs troupeaux, de les mener au ſon de leurs gratieuſes muſettes, és prairies les plus floriſſantes és couſtaux les plus verdoyans, & campagnes plus graſſes, les garder des loups, les penſer en leurs maladies, les entretenir ſoigneuſement: mais le paſteur de nos ames, non content *de les remplir de la graiſſe de ſes graces,* & les nourrir de ſa doctrine, les conduire par ſa prudence, les guarantir des dangers, les guerir en leurs infirmitez, & de veiller ſur leur conſeruation, il fait plus, car, choſe inoüye, il les ſubſtante de ſa propre chair, les abreuue des ruiſſeaux de ſon

Pſal. 22.

Pſal. 22.

pur sang, qui entendit iamais vn tel prodige d'Amour?

Aillent les histoires anciennes releuãs l'antipelargie, ou reciprocation recognoissãte de cette fille Romaine, qui nourrissoit son pere, condamné à mourir de faim en prison, du laict de ses propres mamelles, cela est pitoyable, mais non admirable, comme cet exemple sans exemple, de l'Amour extréme de nostre Seigneur: car ie vous prie, que donnoit cette fille biẽ-née à son pere, que dõne la nourrice à son cher poupon, sinon vne espece d'excrement, & quelque superfluité de sa substance? vous ne sçauriez dire qui faict plus de plaisir, ou la mere à l'enfant qui le nourrit de cette pasture agreable, ou l'ẽfant à la mere, qui la soulage & descharge en la suçant. Mais le Sauueur ne nous baille pas seulemẽt à boire à ses *mammelles* (vne autre lecture porte *amours*, ce qui rẽcõtre fort à nostre propos) *meilleures que le vin, plus odorantes que les parfums, plus exquis*, mais luy mesme comme *vn baume espanché* (vne autre lecture dit, *vn sang respandu*, ce qui faict grandement à nostre subiect) se distille dans les playes de nos ames pour les guerir & consolider. Ma chere ame, est-il

Cant. 1.

eſt-il quelque Amour, qui eſgale cet Amour de noſtre doux *Ieſus*? Penſe, mon frere, dit vn pere ancien, que toutes les fois que tu participes à la ſacree Sinaxe, tu mets ta boucheau flãc ouuert du Sauueur, *diſtillant les gouttes de myrrhe des veſtemẽs & de la maiſon d'yuoire* de ſon humanité, *liqueur qui delecte grandement les filles du Roy de gloire*, les ames pieuſes, *qui tiennent à grand honneur* & conſolation de boire à longs *traicts en la couppe de ce Ioſeph*, *en cette taſſe* myſtique, *faitte au tour*, *& diſtinguee de Saphirs.* *Pſal. 44.*

Où iray-ie? dit le grand ſainct Auguſtin, pendillant aux choix des myſteres de la naiſſance & de la mort du Sauueur: à quoy m'attacherai-ie? ie voy de ce coſté des mãmelles virginales qui m'offrent du laict, de l'autre vn flãc ouuert qui me preſente du ſang, ce lait eſt pour les ames tendres, ce ſang pour les plus fortes, ce laict m'endort & m'attire, ce ſang m'ennyure & me tranſporte: ô laict vous eſtes du ſang blanchi! ô ſang vous eſtes du laict rougy! ô qui pourroit en faire vn meſlãge pareil à ce chaudeau du S. Eſpoux qui nous inuite à boire ſon vin auec ſon laict, & à receuoir le miel de ſa diuinité, *Cant. 5.*

auec la cire de son humanité, mon ame, te pasmes tu pas emmy ces sacrez transports?

Bon Dieu! quel cœur ne brusleroit en la fraction de ce pain vif? disciples esgarez, qui fuyez
Luc. 24. en Emaüs, brebis errantes & dispersees, apres l'assassinat de vostre Pasteur, ne cõfessez vous pas que vostre interieur estoit embrasé, quand seulement il vous parloit
Psal. 110. de ce mystere amoureux, *memorial de ses merueilles*, & de sa Passion, en cheminant auec vous? mais que fust-ce, quel estonnement vous saisit, quand à la distribution de cette viande vitale, *vos yeux furent ouuerts pour le recognoistre*? mais que veut dire que soudain le Sauueur disparut, sinon pour nous apprẽdre qu'il suffit de le voir en ce Sacrement des yeux de la foy, non de ceux du corps, *la foy suppleant au defaut des sens*, foy, tesmoignage de nostre fidelité, fidelité, essay de nostre Amour.

Mais que veut dire, mon *Iesus*, que vous vous communiquez ainsi priuemẽt à ces deux disciples desbandez, qui s'en alloiẽt plonger dedans l'Apostasie, sinon qu'il semble que vous attendiez & espiez le temps de nos necessitez plus vrgentes pour nous participer vos miserations?

Nos indignitez ſont l'eau de forge qui r'engregent les flãmes: voyla vn Thomas infidele, qui proteſte de ne croire point voſtre reſurrection, s'il ne vous void de ſes propres yeux, s'il ne vous touche de ſes propres mains: & voyla qu'il entend ces benites paroles, *apporte tes doigts en* Luc. 24.
mes playes, & les regarde: ô pauure Thomas, & deſormais laiſſe l'incredulité. Mon Sauueur, il eſt donc vray que vous reſeruez vos plus douces mignardiſes pour ceux qui vous abandonnent, y auroit-il donc de l'ad-uãtage à offencer voſtre bonté? La Mag- Luc. 10.
deleine perduë, eſtant preuenuë de vos miſericordes, ſera mieux endoctrinee que ſa ſage ſœur Marthe, elle aura donc les delices de voſtre parole, tandis que l'autre aura pour partage les moindres offices de la maiſon? Vn Saül *ſoufflant le carnage & les* Act. 9.
menaces contre vos diſciples, ſera au milieu de ſes fureurs terraſſé de voſtre miſericorde, & accablé de vos benedictions, il ſera changé en vaſe d'honneur, *& eſleu pour planter voſtre nom dans le cœur des idolatres.* En meſme temps que Iudas fait l'acte le plus deſloyal qui fut iamais, vous trahiſſant par vn baiſer, vous l'appelez amy: & ceux qui vous cheriſſent loyalement, ô

bon Maiſtre, quel epithete auront ils? Souffrant en la Croix les extremes douleurs d'vn martyre indicible, vous criez hautement à voſtre Pere, *qu'il pardonne à vos ennemis* : voire vous palliez leur faute, diſant, *qu'ils ne ſçauent ce qu'ils font*, & m'eſtonneray-ie, mon Seigneur, ſi lors qu'on vous dreſſe vne croix, vous inſtituez le Sacrement de voſtre corps rouge de ſang & des flammes du ſainct Amour?

Auolez, accourez, beaux Anges, *& leuez vous en noſtre ayde, ou pour louer, ou pour admirer* vn tel Amour Et vous qui appanchez, en forme d'admirateurs ſur la mãne de l'arche, que ferez vous, quand vous verrez, non jà du pain pleuuãt au deſert, mais le corps du Seigneur, *diſtillant comme la roſee, la nuée que pleut le iuſte, & la terre s'ouurant pour germer le Sauueur?* Anges, ce n'eſt pas en vain que ie vous appelle : car c'eſt de voſtre pain que nous diſcourons, duquel il eſt eſcrit, *il leur a donné le pain du ciel, l'homme a mangé le pain des Anges* : car dequoy viuez vous dans les cieux, eſprits celeſtes, ſinon de la pure ſubſtance de Dieu, de laquelle *vous vous paiſſez au midy*, clair & chaud, d'vne viſion amoureuſe, d'vn amour clair-voyant. Vous voyez ce que vous aymez, vous aymez ce que vous voyez, vous vous nourriſſez de la veuë du ſouuerain bien-aymé, de l'amour du ſouuerain bien veu. Vous viuez de ſa diuinité humaniſee, nous de ſon humanité diuiniſee. Vous viuez de l'aſpect de ce beau viſage de noſtre *Ieſus, que touſiours vous deſirez de voir*, contens, mais non raſſaſiez, ſinon d'vn raſſaſiement qui laiſſe l'appetit en ſa vigueur, en la plenitude de la iouyſſance : il eſt vray que vous viuez de cette viande à plats deſcouuerts, nous à la Royalle, à plats couuerts. Vous viuez *d'vne viande qui vous eſt inuiſible*, comme diſoit vn d'entre vous à Tobie: mais neantmoins qui nous eſt commune auec vous.

Les oyſeaux, appelez de Paradis, tant ceux qui ſont voltigeans dans les airs, que ceux qui ſont accrochez aux arbres, n'ont qu'vne meſme paſture, la roſee du ciel : vous Anges, & nous hommes, ſommes tous deſtinez pour le Paradis ; vous eſtes libres, comme purs eſprits : mais nos ames attachees aux plantes de nos corps, ne laiſſent de viure en communauté auec vous de la mesme rosee qui distille du sein du Pere celeste. Vous plus clairemẽt, nous plus obscuremẽt, *en cela vn peu moindres que vous*: mais tous essentiellement.

Aussi auons nous d'ailleurs vn notable aduantage, c'est que vous, comme des Astomes, & sans bouche, quand vous assistez à nos mysteres, qu'operent les Prestres, vos conseruiteurs, Anges du Seigneur comme vous, & plus grãds Anges, en tant qu'ils font ce que vous ne sçauriez faire, vous ne faictes qu'adorer & odorer ce que nous receuons, mangeons, deuorons, vous ne faittes que sentir ce *Iesus, qui est la fleur des champs, & le lys des vallees, dont les vestemens sont odorans par de là tous les aromates*: mais nous le passons tellement en nos ames, *qu'il demeure en nous, & nous en luy*, par vne vnion, vne transfusion autant admirable que desirable.

A quel d'entre vous, beaux Anges, couriers celestes, pages d'honneur du Tres-haut, fut il iamais dit, *Ce que vous deslierez en terre, sera deslié au ciel*, & de plus, *faittes cecy*, c'est à dire, *consacrez mon corps en memoire de moy*? O dignité des Prestres, plus qu'Angelique! ô combien nostre nature est elle exaltee en l'humanité diuiniſée du Sauueur.

Et vous, mes freres, ſi vous voulez participer à ce myſtere diuin, deuez vous pas taſcher d'acquerir vne netteté de cœur excellente, vne pureté Angelique ? penſez y, car *il ſeroit indigne de proſtituer ce pain des enfans aux chiens*, c'eſt à dire aux perſonnes ſoüillées & immondes. Ceſte perle precieuſe ne ſe doit *ietter deuant des brutaux* & inconſiderez.

Vous n'eſtes pas à ſçauoir, mes treschers freres, cette viſion excellente du glorieux ſainct François, à qui vn Ange monſtra vne phiole criſtalline, pleine d'vne eau tres-claire, luy ſignifiant que telle ſpirituellement en netteté debuoit eſtre la conſcience qui voudroit receuoir ce diuin Sacrement.

Ie vous aduiſe auſſi que vous ayez à vous addonner à l'exercice Angelique de la ſaincte Oraiſon, principalement Mentale, ſi vous voulez preparer dignement vos cœurs à la reception d'vn tel Hoſte, *dont l'oreille entend volontiers la preparation des cœurs.* Là vous trouuerez de claires lumieres pour la recognoiſtre, & de ſainctes ardeurs pour reciproquer sō Amour, ſans cette lampe, à peine vous pourrez vous introduire à ce banquet des nopces de l'Agneau : au contraire, nous remarquons que les plus ſpirituels ont eu de grandes & particulieres faueurs en la participation de ce myſtere.

Iuſques là, que quelques perſonnes ſignalees en ſainctеté, ont ſouſtenu leur vie corporelle beaucoup de temps par la manducation de ce ſeul pain de vie, lequel, bien que deſtiné à la nourriture de l'ame, n'a pas laiſſé de faire cet effet en leurs corps. Les BB. Catherines de Gennes, & de Sienne, & tant d'autres, en ſont des exemples tres-auerez.

Mais ſur tout, il ſe faut eſtudier à l'acqueſt de la ſaincte Charité, vertu qui nous rend entierement ſemblables aux Anges, voire plus eminens, car on tient pour conſtant en la Theologie, qu'il eſt tel degré de Charité, qui peut releuer les hommes par deſſus tous les Anges, en la gloire, comme il eſt tres-aſſeuré en la Saincte Vierge, & fort probable en beaucoup de Saincts.

O que ne ſommes nous embraſez comme des Helies ! ſans doute les Anges nous participeroient, comme à luy, le pain vif, cuit ſoubs la cendre des eſpeces,

& la coupe de celuy qui pour nous *aux portes de Hierusalem a espanché son sang comme l'eau.* Que ne sommes-nous des Daniels, *hommes de desirs*, pour estre repeus par le ministere ou des Prestres, Anges visibles, ou des Anges, Prestes inuisibles, dans la fosse de ce monde, *dans ce lac de misere & de bourbe.*

Qu'en dittes-vous, cheres ames, n'estimez-vous pas que les saincts Anges ont autrefois tenu à grande faueur de pouuoir distribuer par la permission diuine à des personnes deuotes le sacré Viatique du corps du Sauueur? *O que ces seruiteurs tout de feu tiennent ce ministere* à singuliere prerogatiue! Combien de fois ont-ils faict ce sainct office à ces sacrees habitantes des deserts les Maries penitentes, Magdaleine & l'Egyptiaque. Le sainct Hermite Onufre a esté aussi plusieurs fois communié de leurs mains. Et ceste fille deuote, dont faict mention Cesarius, tres-desireuse de participer à ce Sacrement qui luy fut refusé par son Curé, qui l'en estimoit indigne, mescognoissant son interieure perfection, fut-elle pas renduë participante de ce bien par son bon Ange? Ce qu'ayant reuelé à ce sien Pasteur, il trouua en effect que de trois parcelles qu'il auoit laissees dans le repositoire, il n'en estoit resté que deux. Et nos iours ont-ils pas esté felicitez de pareille grace en la personne du B. enfant Stanislas nouice en la saincte Compagnie de *Iesus*? Ie ne veux pas vous insinuer par là, que vous desiriez de pareilles priuautez : car ces ames d'eslite meritent bien ces priuileges particuliers, desquels nous deuons, à peine de presomption, nous estimer indignes. Mais au moins apprendrez-vous à disposer vos cœurs au sainct Amour, pour receuoir à vostre edification ce pain des Anges, c'est à dire, des esprits espris de dilection.

III. La matiere mesme de ce Sacrement, qui sont les especes du pain & du vin, nous semble dicter la practique de la mutuelle charité en son muet langage : car que veut signifier ce pain de pure farine, composé & pestry de plusieurs grains de froment ? quoy ce vin espreint soubs la clef d'vn pressoir de diuers grains, & de maintes grapes, sinon que nous sommes *vn mesme corps auec Iesus-Christ, membres de ses membres*, vne mesme paste, vne mesme masse, vnis & cimentez auec luy ? sinon que nous sommes transfus en luy, & luy en nous, comme la liqueur des grains est tellement meslée, que l'on ne peut plus trouuer sa separation? C'est ceste vnion si intime que vous represente le texte que ie vous presche; *Celuy qui mange ma chair & boit mon sang, demeure en moy, & moy en luy.*

Il est vray, mon Sauueur, qu'en vostre Passion c'est *vous seul qui auez esté foulé au pressoir*, y versant à gros boüillons les ruisseaux de vostre sang : mais c'est en ce Sacrement adorable que nous beuuons à longs traicts ceste liqueur sacrée, qui liquefie de telle façon nos ames, *que par vne saincte adhesion elles deuiennent vn mesme esprit auec vous*: aussi met-on de l'eau dans le Calice à consacrer pour signifier l'vnion de vostre peuple auec vous. Vniō enseignée par le sang & l'eau que vous suastes au jardin, & que vous versastes sur le Caluaire par l'ouuerture de vostre flanc.

C'est vrayement en la participation de cét amoureux mystere que nous pouuons exclamer auec le Psalmiste,

O voyla que c'est chose bonne,
Qui mille suauitez donne,
Quand les freres ensemblement
Habitent vnanimement.

Et pour exprimer plus viuement ceste vnion fraternelle, elle est comparée *à l'onction d'Aaron, & à la rosée de Hermon qui descend & s'espluye sur la montagne de Syon.* Car c'est en ce Sacrement que l'onction des diuines graces nous est plus largement cõmuniquée par le Sauueur, qui est tout ensẽble & l'Autel, & le Prestre, & l'Hostie & le Sacrifice, & l'oblation, & le Sacrificateur, & vne rosée celeste.

Psal. 4. C'est là ce *Sacrifice de Iustice qui nous monstre tout bien*, puisqu'il contient celuy qui est *tout bien, & en qui habitent tous les thresors de la diuinité.* C'est en ceste communication *que nos cœurs sont remplis de liesse par l'irradiatiõ de la splendeur du visage de Dieu.* C'est en ce mystere *que les fideles sont multipliez par le froment esleu, & le vin virginal de celuy dont le nom est vn huile espandu.*

Cant. 1. *Mon bien-aymé*, dict l'Espouse en son Epithalame, *reposera tendrement sur mon sein entre mes deux mammelles, comme vn bouquet de myrrhe.* Myrrhe amere au goust, & douce au flair. En quelle action de la Religion Chrestienne l'ame deuote sçauroit-elle plus expressement vsurper ces paroles qu'en la saincte Communion, où elle colloque son tres-cher bien-aymé entre ses deux mammelles, son entendement & sa volõté : en son entendement, croyãt à sa parole ; en sa volonté, cherissant son Amour. La Foy croit ce qu'elle ne voit pas, & la Charité embrasse celuy dont la Foy luy dicte la presence. O hautesse de la creance Catholique ! à quelle cime de perfection vas-tu esleuant les esprits ? Et les termes de ce passage, *Mon bien-aymé qui est à moy demeurera sur mon sein*, ne vous sẽble-il pas souschanter à ceux de nostre Euangile, *Il demeure en moy, & moy en luy.* Mais i'apperçoy icy vne petite differẽce, c'est que la sacrée Communion, au rebours de la myrrhe, est amere au flair, c'est à dire, est reuesche à la grossiere apprehension des sens, mais suaue au goust de la foy, qui *nous faict voir & gouster combien le Seigneur est doux*. Si mieux nous n'aymons dire qu'entre tous nos sens, l'oüye ne se trompe point : *or la foy est par l'ouye*, qui nous faict acquiescer à l'indubitable verité des paroles toutes puissantes.

Vn bouquet de myrrhe amere, car c'est vn memorial de la Passion du Sauueur, *& de myrrhe* qui va conseruant les corps morts, comme ce S[t]. mystere donne la vie de la grace à nos ames, les retirant de la mort

& corruption du peché. De plus, c'est vn *bouquet*, & non vn fardeau; car le Sauueur s'y communiquant glorieux, son corps par consequent est agile, subtil, clair, impassible, leger, penetrant. C'est vn bouquet qui nous *tire apres le bien-aymé en l'odeur des parfums qu'il exhale.* Somme, comme vn bouquet est ordinairement composé de plusieurs fleurs, ainsi en la saincte Synaxe, nous tissons comme vne guirlande de diuerses fleurettes, attachees à la tige de ce beau lys, l'humanité diuinisee de nostre *Iesus.*

Le meilleur ciment se faict auec du sang & du sable, & que sont les hommes sinon vne arene menuë, vn sable mouuant, *vne poussiere qui piroüette à la face du vent?* Mais comme le roseau en la main de N. S. deuint vn sceptre solide, ainsi quād ceste poudre est detrempée auec son sang, il se faict vn ciment tres-fort pour la liaison des pierres viues de son Eglise.

Eglise laquelle cimentée *auec son chef* & son espoux, peut bien dire *qu'elle est vne muraille, & ses mammelles comme vne tour.* Car comme la muraille se faict de la disposition des pierres attachees l'vne à l'autre, aussi l'Eglise n'est autre chose que la con-

Cant. 8.

gregatiõ des fideles, vnis par le lien d'vne mesme foy. Et comme dans les tours se mettent les magazins, aussi *dans ceste maison de sagesse* nous auons *vne table* garnie de prouisions necessaires pour la vie de l'esprit. *Nous auons vn Autel*, dict sainct Paul, *auquel ne peuuent participer ceux qui seruent au Tabernacle*. Quant à la muraille, il est escrit de ceste mystique soliue, *que le Sauueur mesme sera mis pour son mur, voire son auãt-mur.* Isa. 26.

O que bien-heureux estoit le siecle d'or de la naissance de l'Eglise, lors que les *croyans* participans plus frequemment & fermement à ce pain de charité, *n'auoient qu'vn cœur & vne ame, guidez comme enfans de Dieu d'vn mesme esprit*, lors l'Eglise paroissoit aux Errans & aux infideles, ses ennemis, comme vne *armée bien serrée, bien rangée*, bien jointe, bien munie, comme vne ville bien garnie, vne maison bien fournie, vne Republique bien policée. Car comme les armees, les villes, les Republiques, les maisons ne subsistent que par l'vnion, aussi l'Eglise ne se soustient que par la Communion du corps de son Espoux, c'est le bon leuain qui assaisonne & faict enfler sa paste.

Si vous collez deux aiz de sapin auec

de la colle biẽ fine, à peine pourrez-vous remarquer par apres le lieu de leur conioncture, tant ils sont estroittement attachez. Est-il quelque colle plus penetrante que le Sang du Sauueur? à quoy tient-il donc que nous n'vnissions nos cœurs auec le sien tres aymable si fortement, que la soudure ne s'en puisse cognoistre: si que Dieu soit en nos ames, & nos ames en Dieu: de sorte que nous puissions dire auec S. Paul, *Qui nous separera de la charité de Christ?* estans ioincts à luy par vne cõioncture qui soit plustost vnité qu'vnion, suiuant la priere qu'il faisoit pour nous à son Pere, que *nous fussions vn auec luy, comme il est vn auec son Pere.*

Ioan. 17.

L'Espoux sacré compare son Amante à vne pomme de Grenade, par *l'entrouuerture* de laquelle vous voyez des grains vermeils, arrengez par vne gratieuse symmetrie. Tous les Allegoriques disent que c'est le symbole de la *Charité, lien de perfection*, qui serre les fideles dans le pourpris de ceste bonne Mere. Et pourquoy ne dirõs-nous pas qu'elle represente aussi la sacrée Cõmunion des fideles, cõparée *au moust des pommes de Grenade*? Ce fruict donc est le hieroglyphe de l'Amour: mais

Cant. 4.

las!

las : cõme les ſoldats font vn certain pot à feu qu'ils baptiſent de ce nom, lequel briſe & fracaſſe tout ce qu'il rencontre, ainſi en ce ſiecle miſerable, les Errãs apres auoir deſchiré la robbe du Sauueur, qui eſt ſon Egliſe, faiſans *des ſectes à part*, ils font encores par leurs mauuais dogmes, du corps du Sauueur vne pierre d'achopement, & vn inſtrument de diuiſion, de hayne, de diſcorde: ainſi le mauuais eſprit tire la mort du milieu de la vie, au rebours de Dieu qui tire le bien du mal, & *la lumiere du milieu des tenebres*. Prions Dieu, cheres ames, qu'il illumine leur aueuglement, afin qu'ils ne ſe ſeruẽt plus de leurs ombres & figures pour eſteindre ou offuſquer le flambeau du ſainct Amour qui eſclaire & eſchauffe en la verité de ce Sacrement d'vnion, de paix, & de concorde.

A tant eſtes-vous inſtruicts que la tres-ſaincte Euchariſtie eſt le myſtere du diuin Amour 1. par la circonſtance du temps de ſon inſtitutiõ, 2. par ſa qualité de pain des Anges, 3. par la diſpoſition de ſa matiere. Soyez benits au nom du Pere, du Fils, & du S. Eſprit. Ainſi ſoit-il.

DIMANCHE.

De l'vnion Eucharistique.

HOMELIE IV.

In me manet, & ego in illo. Ioan. 6.

L'HERBE Aproxis a vne si forte tendance vers le feu, & le feu vne si puissante inclination vers ceste herbe, que non seulement elle l'attire en la presence de sa chaleur, mes mesme à l'aspect de sa lumiere, si qu'elle s'embrase à la seule clarté du feu, & le feu y court si tost que sa lumiere apperçoit ceste nourriture bien-aymée, voire s'y attache auec telle viuacité, que toutes les eaux de l'Ocean ne seroient pas capables de l'esteindre iusques à ce qu'il aye entierement consommé ceste pasture bitumineuse & sulphurée, qui luy est tant agreable. Et ce qui est de plus admirable est, que le feu s'y porte tant à coup, qu'il prend la forme de l'herbe, comme aussi l'herbe se change en feu, si que le feu deuient comme herbe, & l'herbe deuient ignée. Voyez-vous, mes cheres ames, vn amour presque sensible en ces choses insensibles, & vn excellent symbole de la transformation amoureuse de l'aymant en l'aymé, & de l'aymé en l'amant: puis que selon le iugement mesme de ce Philosophe, à qui l'antiquité a donné le nom de diuin, les hommes sont des arbres, mais renuersez, mais mouuans, mais animez, mais raisonnables, & selon la saincte parole, des plantes viues, bonnes ou mauuaises, selon les fruicts qui en prouiennent. O que n'auons-nous autant de tendance vers ce Dieu, *qui s'appelle feu consommant*, paroissant dans les tonnerres, les lampes, les fournaises, les buissons embrasez, comme ce bon Dieu a d'inclination vers nos cœurs miserables, où il loge ses plus cheres delices. Hé! que n'auons-nous autant de desir de nous laisser consommer aux flammes de son sainct Amour, comme ce beau feu seroit prest de nous trasformer en soy si nous auions les dispositions requises. Que ne faict-il pour paruenir à cet effect amiable, qui l'vnisse à nous, & nous à luy par vne reciprocation sacrée? Pour cela le doux Sauueur s'est laissé soy-mesme en viande à son Eglise au banquet Eucharistique, afin que nous vinssions par la reception de ce Sacrement tres-auguste, à nous attacher à luy, comme il se glisse en nous: c'est ce qu'il dict en nostre texte, *Celuy qui mange ma chair & boit mõ sang, demeure en moy, & moy en luy*, Dieu se faisant comme homme, afin que l'homme deuienne Dieu. O Vierge, Mere de ce Dieu humanisé! vraye Aproxis, qui l'auez attiré en vos entrailles du haut de sa Sphere celeste, vous estes l'herbe sacrée de ce feu bien-aymé, cõme reciproquement il est le feu amoureux de la verdeur de vostre virginité, qu'il a ornée du tiltre d'vne maternité incomparable, *vous estes à vostre tres-aymé, lequel aussi est tout retourné vers vous*: car à quelle autre creature qu'à vous appartient-il de dire à Dieu, Vous estes mon fils? à quelle autre qu'à vous, Dieu sçauroit-il dire, Vous estes ma Mere? O Mere toute triõphante! par ceste vnion tres-estroitte qui est entre vous & vostre fils, impetreznous la grace d'exprimer celle qu'il plaist à sa bonté de nous communiquer au Sacrement Eucharistique. *Aue Maria.*

NON, mes bien-aymez, la toiſon de Gedeon n'eſtoit point plus vnie à la roſeé des cieux, ny la roſee à la toiſon. Le feu ne penetre point dauantage le fer embraſé. Le buiſſon que veid Moyſe ardant ſans conſomption, n'eſtoit point plus entouré de flammes, comme nos ames ſont remplies, voire ſurcomblees de Dieu par la participation du corps du Sauueur. De ceſte vnion ſacrée ſera noſtre diſcours, qui la vous fera voir 1. reelle, 2. ſuaue, 3. puiſſante. Oyez.

Si ie dis que la ſacrée Communion du corps de *Ieſus-Chriſt* a de grandes conuenances auec le myſtere de l'Incarnation, ie ne diray rien de nouueau, & que pluſieurs ſçauans n'ayent deduict bien au long en leurs ouurages : mais comme chacun abonde en ſon ſens, leur laiſſant ce qui eſt de leur creu, oſerions-nous dire du noſtre que ſi l'Incarnation du Verbe eternel a eſté vne vnion comme generale auec la nature humaine, le Sacrement Euchariſtique en eſt cõme vne particuliere auec les indiuidus, ſi que la perſõne qui a I.

cõmunié participe au mesme bõ-heur de la S. Vierge qui a porté le Sauueur en ses flancs. Ce Soleil de Iustice non content de respandre les rais de sa belle clarté au ciel & en la terre, estant *la lumiere du monde, la splendeur & candeur du Pere eternel*, a encor voulu par vne maniere ineffable partici-per sa lueur aux fideles, qui, *cõme des lampes*
Psal. 4. *és tenebres & des astres radieux*, vont roulãs sur la face de la terre. Ces paroles de Dauid en vn sens allusif pourroient-elles point ioindre ceste pensee: *Sacrifiez à Dieu vn Sacrifice de Iustice, & il vous monstrera tout bien, l'esclat de sa lueur sera tracée sur vos visages, & il donnera ioye à vos cœurs, & il vous multi-pliera par le fruict du froment, du vin, & de l'huile, iusques à ce qu'ẽ luy vo⁹ reposiez paisiblemẽt.*

Au mystere de l'Incarnation le Sauueur se cacha dans les flancs d'vne Vierge: en celuy de l'Eucharistie il se musse souz les sacrees especes, d'où il nous considere comme l'Espoux du Cantique, *à trauers des*
Cant. 2. *jalousies*, si qu'en l'vne & en l'autre mer-ueille il retient son nom de, *Dieu caché.*

En celuy-là le sang tres-pur du cœur de la saincte Vierge est faict la chair sacrée du Sauueur, deuenant non seulement homme, mais fils de l'homme. Et en celuy-cy, le pain & le vin sont changez en vertu des toute-puissantes paroles, en la chair & au sang de *Iesus*.

Et à propos de ces paroles, est singulierement à noter que celles qui furent immediatemẽt suiuies de l'Incarnation du Verbe, correspondẽt par vne excellente harmonie à celles qui rendent le Corps du Redempteur present au sainct Autel. Car quand la saincte Vierge eut presté son consentement à l'Ambassade Angelique, par ces mots à iamais venerables, *Fiat mihi secundum verbum tuum*, le Fils de Dieu prit en vn instant, par l'operation du S. Esprit, chair humaine dans ses entrailles. Et quãd le Prestre a proferé ces paroles adorables, *Hoc est enim corpus meum*, ceste mesme chair formée és flancs Virginaux, se trouue en la saincte Hostie. Les mots sont pareils en nombre, en cela neantmoins dissemblables, que les premiers sont de la creature, les secondes du Createur, ausquelles ceux qui desniẽt iniustement la puissance de rendre *I. Christ* present, qu'ils voyent combien ils sont inesgaux de donner plus à la creature qu'au Createur, voyans l'vn des mysteres, & mescreans l'autre.

Or en l'vn & en l'autre le Fils de Dieu est dict descendre des Cieux, bien que comme Dieu il y soit tousiours, remplissant non le ciel & la terre seulement, mais les espaces infinis & inimaginables. Du
Psal. 76. premier il est dict, *Inclinez les cieux & descendez*. Et au Symbole, *Qui pour nous autres hommes & pour nostre salut est descẽdu des cieux*. Du second, nous disons que sans quitter la dextre de son Pere tout-puissant, à laquelle il est assis depuis son Ascension triomphante, il ne laisse de rendre son corps present en terre en diuers lieux, cela n'impliquant aucune contradiction
Luc. 1. en la toute-puissance de celuy à qui *nulle parole est impossible*.

En l'Incarnation la chair est soustenuë par le Verbe, si que, comme dict le Symbole de sainct Athanase, *la diuinité ne fut pas changée en l'humanité, mais celle-cy vnie à celle-là* d'vne vnion tres-estroitte, hypostatique, personnelle. En l'Eucharistie les accidẽs subsistẽt sans subject, la substãce du pain estant chãgée au corps du Sauueur, si que le Sauueur n'est pas changé en pain, mais le pain est chãgé en la chair de *Iesus-Christ*, qui est *le pain descendu ciel, le pain vif, le pain faict chair, le pain des Anges, le pain sur-substantiel*.

En l'Incarnation *le Verbe a eſté fait chair,* Ioan. 1.
en l'Euchariſtie la parole rend preſente cette chair diuiniſee : en celle-là la diuinité ſe ioint à l'humanité, en cellecy l'humanité inſeparable deſormais de la diuinité, s'vnit à noſtre corps, & à noſtre ame. Si que nous ſommes faits *l'os des os,* Epheſ. 5.
la chair de la chair, & les membres des membres de Ieſus-Chriſt : nous ſommes rendus pampres de celuy qui s'appelle Vigne, Vigne de cet ormeau, branches de ce tronc, lierre de cette muraille : mais par vne adheſion bien plus forte & penetrante. Rom. 11.

Nous ſommes ces *greffes ſauuages,* dont parle ſainct Paul, *entez en la bonne oliue, ce qui eſt contre le cours de l'Agriculture* : car l'on inſere ordinairement des greffes francs ſur des ſauuageons : mais ce renuerſement eſt bien plus heureux & aduãtageux pour nous : car comme dit ſainct Auguſtin, *nous ne changeons pas le Sauueur en nous, en le receuant : mais nous nous transformons en luy, nous rendans conformes à ſon image.*

Et ne faut pas que nous penſions cette Vnion eſtre ſymbolique, ideale, & imaginaire, mais reelle & ſubſtantielle : car comme dict excellement le Pere

Hom. 61. ad pop. Ant. à la bouche d'or, *Ce n'est pas seulement par Amour & Charité, mais reellement, & de faict, que nous nous ioignons au Sauueur par le moyen de cette diuine viande qu'il nous a donnee: par laquelle il se mesle en nous, incorpore son corps au nostre, afin que nous soyons seellez à luy: comme le corps l'est à son chef*, par le moyen du col: & ce Sacrement ne peut-il pas estre conferé à ce col de l'Espouse, comparé *à la tour du Liban, tour de force, contre la face de nos ennemis, tour de Dauid, ou du fils de Dauid, où pendent les pauois des braues?* tour arcenal de tout nostre bien: tour longue & pareille *à ce canal sacré* du Cantique, *par lequel decoule la pourpre du Roy*, pourpre, le vermeil de son sang.

Cant. 7.

Vnion reelle, ie dy, & selon le corps, & selon l'ame: car l'vnion spirituelle se peut faire hors le Sacrement, par vne visite cordiale, par *l'habitation du sainct Esprit en nos cœurs*, par des irradiations, inspirations, illuminations. Mais icy tout est solide & reel, voire (& ie parle apres ceste grande lumiere de nostre France, sainct Hilaire) *& naturel*: merueilleuse parole, sortie de cette bouche, l'Oracle de l'Eglise en son temps; *Cette vnion, dit-il, n'est pas seulement de volonté, mais encores naturel-*

Rom. 8.

V. Hilar. l. 8. de Trin.

le, ſuyuant ce que le Sauueur a dit, Celuy qui mange ma chair, & boit mon ſang, demeure en moy, & moy en luy. Sainct Cyrille Alexandrin tiẽt la meſme doctrine de l'vnion naturelle du Sauueur auec nous par la participatiõ de ce Sacrement: *Par la foy & la charité*, dit cet excellent perſonnage, *nous ſommes vnis ſpirituellement à Dieu, mais de dire que nous n'auõs pas vne autre vnion auec luy, ſelon la chair, c'eſt ce que nous nions & declarons contraire aux diuines eſcritures: eſcoutez ſainct Paul, diſant, nous ſommes tous vn corps en Ieſus-Chriſt, il habite en nous corporellement par la Communion de ſa chair, autrement comment les membres des fidelles ſerõt ils ceux de Chriſt, ne ſçauez vous pas, dit ſainct Paul, que vos membres ſont les membres de Chriſt, & le Sauueur diſant, celuy qui mange ma chair & boit mon ſang, demeure en moy, & moy en luy, nous donne il pas à entendre qu'il eſt en nous, non par voye de dilection ſeulement, mais meſmes par communion naturelle: de ſorte que comme vne cire fonduë s'incorpore en vne autre, ainſi par la reception du corps & du ſang de Chriſt, il demeure en nous, & nous en luy.*

Cyril. in c. 15. Ioa.

Le Pere à la bouche doree, preſſe encor' cette Vnion naturelle fortement par la comparaiſon des meres qui allaittent leurs petits de leur propre ſubſtance, mais

Hom. 66 ad pop. Ant.

ſubſtance qui n'eſt preſque qu'vn excrement, ou au moins ſuperfluité de ſubſtance, mais de toute leur ſubſtance il ne s'en trouue point qui paiſſent leurs enfans, comme fait celuy, qui eſtant noſtre Pere, nous teſmoigne vn Amour pluſque maternel; qui eſtant noſtre Paſteur, nous monſtre vn Amour plus que paſtoral: car quel Paſteur, dit S. Chryſoſtome, *repaiſt ſes oüailles de ſon propre ſang*, comme noſtre *bon Paſteur* nous abbreuue du ſien, nous mettant à meſme les paſturages floriſſans de ſa propre chair, *fleur des champs*, commune à tout le monde?

Iob. 31. Les amis de Iob, pour teſmoigner l'excez de leur affection, diſoient, *qui nous donra de nous repaiſtre de ſa chair?* Façon de parler, qui ſemble tirer de cette paſſionnee action des nourrices, quand elles morſillent ſans les bleſſer, leurs petits nourriſſons. *Et dentes inlidunt ſæpe labellis.*

Mais qu'a tout cela de cõferable auec l'exces d'amour du *nourricier d'Ephraim*, mille fois plus charitable que ce Prophete qui ſe raccourcit ſur l'enfant de la veufue pour luy redonner la vie?

L'vnion maritale, *qui fait de deux corps vne chair*, a touſiours eſté eſtimee tres-eſtroitte, à cauſe que ce *Sacrement eſt grād en Ieſus-Chriſt, & en ſon Egliſe.* Mais ie vous prie, qu'a de conferable le commerce de la chair & du ſang en ceſte liaiſon matrimoniale, auec la tres-chaſte & tres-pure conionction de nos cœurs, & de nos corps, auec le cœur & le corps adorable de l'Eſpoux celeſte? n'entrōs nous pas par ce diuin accouplement en la communauté de tous ſes biēs? *tout ce qu'il a ne ſe fait il pas noſtre*, puis qu'il ſe rend tout noſtre? L'Eternel *Pere en nous donnant ſon fils, cōment en luy ne nous auroit il donné toutes choſes? Ie te monſtreray tout bien*, diſoit-il à Moyſe, ne luy faiſant paroiſtre que ſon dos: & comment ne nous donneroit il tout bien, en nous baillant *celuy qui eſt l'image de ſa ſubſtance?* Epheſ. 4. Ioan. 17. Rom. 8.

O viande plus friāde que l'ancienne Lothe, & qui d'vn effect aduantageuſement contraire nous fait reſſouuenir de noſtre vraye patrie, qui eſt le ciel, & oublier *cette terre des mourās, ce val de pleurs où nous mourons en viuant, & viuons en mourant comme pelerins & paſſagers*. Viāde diuine qui nous ſerres des delices de la terre, pour nous abbreuuer *du calice ennyurant* de celles du ciel; qui nous fais perdre le gouſt des oignons de l'Egypte, pour ſauourer *la Manne cachée!*

O viande viue qui nous changes en toy, quand nous te receuons!

Tu es, ô viande sacree, & Angelique, le germe des Chrestiens, car tu contiens le sang du Roy des Martyrs, tu es la semence de nostre immortalité, selon qu'il est escrit, *qui mãge ma chair aura la vie eternelle.* Tu es ce grain de froment mort en terre, mais resuscité glorieux: tu es vn vin theriacal qui nous preserue de la morsure de l'ancien serpent, seruant de contrepoison à nos iniquitez: tu és ce petit grain de moustarde de peu d'apparence, mais de vertu nompareille; tu es ce leuain de l'Euangile qui fait leuer en l'assaisonnant la paste de nos œuures: or ce leuain fut mis en trois boisseaux de farine, desquels l'vn est jà expedié, venons dõc aux deux autres.

II. Que ceste vnion Eucharistique soit autant suaue, que nous l'auons monstree reelle, il ne faut à mon aduis qu'appeller l'experience pour le manifester: c'est cette experience, laquelle presse l'Espouse saincte, sans aucune precedente speculation, de demander tout à l'abord de son
Cant. 1. Epithalame, ce sacré baiser de la bouche de son Espoux: mais que denote ce bai-

ſer, ſinon vne vnion douce, cordiale, toute ſpirituelle? car comme nous reſpandõs nos cœurs par les paroles, & les paroles par la bouche, ce ſainct baiſer ne declare que cet eſpanchement, verſemẽt, & comme transfuſion reciproque des cœurs, à quoy viſe le ſainct amour. Vray Dieu, que vay-ie dire, quand le Preſtre, comme organe & truchement de celuy *qui eſt Preſtre eternellement ſelon l'ordre de Melchiſedech,* Pſal. 109. a proferé les ſainctes paroles, *Cecy eſt mon corps,* ne peut il pas alors, tout eſperdu à l'aſpect d'vn ſi redoutable myſtere, deuãt lequel *tremblent les Anges,* dit ſainct Chryſoſtome, *& ſe courbent les puiſſances qui portent l'vniuers,* dire en l'excez d'vne deuotieuſe ferueur, *qu'il me baiſe d'vn baiſer de ſa bouche*: car puis que le corps du Sauueur ſe trouue preſent en vertu de ſa parole, parole que ſa benite bouche a proferee, l'vnion qui ſe fait par la Communion, peut-elle pas eſtre appelee le baiſer de la bouche de l'Eſpoux?

Et remarquez, ie vous prie, mes freres tres-aymez, que ceſte Amante eſt bien ſi eſmeuë, & tellement poſſedee de ſon Amour, qu'elle oublie de nommer celuy dont elle ſouhaitte ce baiſer, *qu'il me baiſe,* mais qui? *ô la tres belle entre les femmes, ah! celuy que mon ame ayme, mais quel est-il? hé! il est esleu entre les miliers. Elle exhale cette parole de l'abondance de son cœur, elle dit son sentiment au Roy de ses affections.* Il semble qu'elle lance ce souspir du profond de sa poitrine, cõme vn moust, qui boüillonnant en sa chaleur, iette les fonds qui l'escerrent: ce n'est pas vne ebulition de sang, mais vne ferueur d'esprit qui la possede, & comme le vent enclos és cõduits sousterrains, faict de grands sousleuemens pour rompre les obstacles qui l'empeschent de reprendre son air, ainsi l'amour qui regente le cœur de cette Amante, luy oste toute circonspection en l'expressiõ de son desir. Ceste mesme Espouse ayant perdu la presence de son Amant, *hé!* dit elle, *n'auez vous point veu celuy que mon ame ayme?* elle croit que chacun le cognoisse aussi distinctement que profondement, elle le graue dans le cœur. La saincte Penitente ennyuree de douleur & d'amour, ne trouuant point son cher Maistre au tombeau où elle alloit pour l'embaumer, *ah! dit elle, ils m'ont enleué & rauy mon Seigneur, & ie ne sçay où ils l'ont mis.* Les Anges la veulent consoler, & pour cela luy parlent amiablemẽt &

& Angeliquement, il n'y a moyen, *quis enim modus adsit amori?* parce qu'ils ne luy disent pas, où il est assez tost, elle les quitte là, elle trouue son cher Maistre en forme de Iardinier, mais ce desguisement le luy faisant mescognoistre, *Iardinier*, fit-elle, *ne l'auez vous point, ou emporté ou rencontré?* si tost qu'il se manifeste à sa parole, la voyla qui se veut ietter à ses pieds, asyle de ses maux, si vn commandement absolu n'eust obstaclé son ameureuse hardiesse, que de suauitez parmy ces sainctes pensees! mais combien sont-elles esloignees de la reelle suauité que ressent vne ame, qui auec de feruentes esmotions approche de la Communion sacree: car lors ayant receu celuy qui est plus doux, *que le rayon de miel*, peut elle pas dire auec cette autre, *I'ay trouué celuy que i'ayme, ie le tiens, non iamais plus ie ne le lasche*: ou auec Iacob, *non ie ne le quitteray point*, non pas mesme *pour sa benediction*: car ce n'est pas tant la benediction de Dieu que ie recherche, comme le Dieu de la benediction.

Ah! mondains, *goustez & voyez combien le Seigneur est doux*, las! ie cognois bien que pour la plus part vous cõtentez

de le voir, l'odorer, & l'adorer, assistant volontiers aux sacrez mysteres du sacrifice des Chrestiens: mais combien peu le goustent-ils, par la frequente Communion. Certes auant que l'enfant aye gousté le sucre, on a beau le luy mõstrer auant que pour cette douceur il abandonne le tetin de sa mere; mais si tost qu'il en est appasté, il quitte tout pour ceste sucrine suauité. Il ne faut pas s'esbahir, ô mondains, si vous estes si fort empressez apres les plaisirs de la terre, goustans si peu souuent que vous faittes cette manne celeste, contenant toutes sortes de saueurs! mais pour Dieu, goustez en quelque iour pour vne bonne fois, *mordez y a certes*, tastez cette pasture auec vne deuë purgation & preparation preambulaire, le palais de l'ame non enfiellé & deprauė de mœurs & humeurs peccantes, & ie m'asseure qu'ayans trouué les eaux claires de la source de vie, vous
Ierem. 2. ne vous amuserez plus és voyes de l'Egypte, pour y boire des eaux troubles & relantes.

Mais venez souuent *puiser de l'eau de vie à ces fontaines du Sauueur*, ô ames deuotes, & pures! car c'est vrayement icy que vous rencontrez *ce sainct baiser*, que l'Espouſe deſire tant; arriere oreilles prophanes, *la parole de Dieu eſt toute chaſte & nette, comme l'argent ſuppuré par le feu* : *les fleurs* du ſainct Eſpoux , *sont des fruits d'honneur & d'honneſteté* , *il a le laict & le miel ſous la langue*, ſymboles de pureté, celuy-là par ſa blancheur, celuy-cy, parce que les abeilles qui le compaſſent, ſont toutes chaſtes. L'Amour ſacré *a vn ruban vermeil*, non ſur les yeux, cõme le prophane qui eſt aueuglé, effronté, incõſideré, mais ſur la bouche, marque de la pudeur des paroles, les ioües ſont vermeilles comme l'entr'ouuerture *d'vne pomme de grenade*, teſmoignage de ſa modeſte honte. Ie ſçay que les baiſers ſenſuels des perſonnes impudentes, ont vn *venin d'aſpic és levres*, & que comme les phtiſiques, & les boucs, leur haleine peſtilente fait aſſez recognoiſtre leur interne chaleur & putrefaction, mais ceux du ſainct Eſpoux portent leur ſanctification quant & eux , ils embaument le cœur, qui eſt ſi heureux que de les ſauourer. Eccleſ.25.

Oyez de grace la continuation de l'amoureux eſlancement de cette amante: *car vos mammelles ſont meilleures que le vin*: diriez vous pas que ſurcomblee de ſuaui-

té, elle oublie la contexture & aiancement des paroles, *qu'il me baise*, elle parle à vn tiers, & puis se retournant vers le cher bien-aymé, *car vos mammelles*, dirons nous qu'il soit present ou absent? car s'il est present, pourquoy dit elle à ses compagnes, *qu'il me baise*, si absent, pourquoy s'adresse t'elle à luy: la vehemence de son affection la presse si fort, que ce qu'elle tient elle le croit eschappé, ou ce qui est absent se rend present à ses yeux, par la puissance de son imaginatiue. Mes bien-aymez, ce mouuemēt affectif se peut il pas aussi heureusement pratiquer en la Communion sacree, puis que l'Espoux y est present, d'vne presēce reelle, mais inuisible, si que n'estant pas aperceu des sens, il est present cōme s'il ne l'estoit pas, estāt caché soubs les especes; que si nos sens trompez s'esgarent en sa presence, comme s'il estoit absent, c'est à faire à la
2. Cor. 10. foy, dont l'office est *de captiuer nos entendemens soubs l'obeissance des diuines paroles*, de nous remettre en sa presence, non que la foy le rēde present, mais sa parole toute puissante: car c'est à faire aux Errans d'attribuer plus à leur foy qu'à la toute-puissance de Dieu, *qu'il me baise du baiser de*

sa bouche, peut dire la personne deuote aspirãte à la sacree Synaxe, mais apres ceste saincte action, qu'elle die hardiment, *car vos mammelles sont meilleures que le vin*. O Dieu, mais quel redoublement d'yuresse sacree, ô Amante que dites vous, les mãmelles ne sont pas conuenables à vn Espoux, ouy bien à vn Espouse, pour cela vostre Amant louë tant les vostres, les appellant belles & fecõdes: ah! peut elle dire, les autres Espoux ont le sein sec & sterile, mais le mien esleu & singulier entre les miliers, n'est pas ainsi, car ces mysteres diuins sont autant de fertiles mammelles, d'où les enfans de sa dextre, ou de la *Royne de sa dextre*, la Saincte Eglise, tirent tout le suc de leur deuotion, comme des Benjamins mystiques, ils reposent doucement sur le sein de ce desirable Iacob.

Cheres mammelles de l'Espoux sacré, d'où descoule toute la nourriture des ames, qui sõt si heureuses que de s'y abboucher, *ne voyez vous pas*, dit le Pere à la bouche d'oree, *auec quelle allegresse & auidité les petits enfans pressent les tetins de leurs douces meres, auec quelle promptitude ils se lancent en leur sein, se serrent à leurs mammelles.* Hom. 83. in Mat.

Approchons, ô mes freres, auec pareille ferueur de la table sacree, & tirons comme des enfans de laict auec alteration la grace de l'esprit, ou l'esprit de la grace, ressentans auec douleur la priuation ou le ieusne de cette viande.

Vos mammelles sont meilleures que le vin, le laict des delices spirituelles est incomparablement plus exquis que le vin des terrestres & sensuelles, celles-cy entestent, hebetent, leuent le sens, enleuent la raison, troublent l'esprit, sont fumeuses, ont vne odeur forte & puante, comme le vin, mais celles-là confortent le cerueau, font l'haleine douce, sustentent amiablemen & cordialement, comme le laict: le vin se tarit dans les tonneaux à force de tirer, il se gaste en fin par vne lōgue traite, il a de la lie au fonds aigre & corrompuë, les delices mondaines sont de cet escot, de peu de duree, de fin miserable, momentanees, non que bornees, & perissables: mais les spirituelles, comme le laict des mammelles, croissent par la traitte, s'augmentent par l'vsage: car le cœur s'estend en les receuant, se dilate en les goustant. Il y a cette difference notable, dit le grand sainct Gregoire, entre les plaisirs de Dieu, & du monde,

Hom 36. in Euang.

que ceux là, moins ils ſont gouſtez, moins ils ſont deſirez : car l'ignorance les faict meſcognoiſtre, & plus ils ſont ſauourez, plus ſont ils appetez : car la ioüiſſance n'en aſſoupit pas, ains en eſguiſe l'appetit, ils raſſaſient, mais ſans degouſt, l'appetence y eſtant aggreable en la ſatisfaction : mais ceux du ſiecle, moins ils ſont gouſtez, plus ils ſont deſirez, & plus ils ſont pratiquez, plus ils ſaoulent & tournent à contre-cœur, la ſaturité en donne le deſgouſt, & le deſgouſt l'horreur.

Quantes fois, ô ame deuote, vous eſt-il arriué comme à ſainct Pierre ſur le Thabor, de dire emmy les delices de la table ſacree : *O qu'il faict bon icy deſormais, i'y veux fixer ma demeure, ce ſera icy mon repos à touſiours : mais i'habiteray en ce lieu que i'eſlis : ô Iſrael que tes pauillons ſont aymables, que delectables tes tentes. O maiſon de Iacob*, qui diſoit au réueil de ſon ſonge, *vrayement Dieu eſt en ce lieu, ce n'eſt icy autre choſe que la maiſon de Dieu, & la porte du ciel.* Gen. 28.

Venez donc, mes cheres ames, *& ennyurons nous de ce torrent de voluptez ſacrees de cette fontaine de vie*, ne redoutez pas, ô ames pures, que ces delices vous portent

à aucun mauuais excez, car ce n'est pas
Ephes. 5. vne viande sensuelle, ny *vn vin qui cause*
Zac. 9. *quelque desordre*, ains c'est vn *froment esleu, vn vin engendrant les Vierges*.

Cant. 1. Ces cheres mammelles de l'Espoux, *sont plus suaues que tous les parfums plus exquis*, si vous estes priuees de la saueur sensible, vous ne sçauriez l'estre de l'odeur : car toutes *les drogues aromatiques du diuin parfumeur, sont employees en ce sacré Thymiame*. Les ieunes filles, les ames tendres, & esprises du sainct Amour, *courent apres ce bien aymé en l'odeur de ce parfum qu'il exhale*, dont l'assentiment leur fait tendre & pretendre aux Isles fortunees du Paradis.

L'aueugle Isaac sentant le parfumé Iacob proche de luy, prest à receuoir sa
Gen. 27. benediction, *O que l'odeur de mõ fils est agreable*, dit-il, *elle est toute pareille au champ flory*.

La personne qui approche de la Communion sacree est aueugle, quant au corps, en ce mystere, biẽ que clairuoyãte d'esprit, elle entend bien la voix de son Iacob celeste, bien que ses mains, les saintes especes, soient d'Esau, mais l'odeur de ce corps diuin caché so' les accidẽs, cõme celuy de Iacob sous des peaux emprũtees elle se peut escrier, L'odeur de mon bien-aymé *est plus douce que celle de l'encens* : car comme dict le grand sainct Thomas en sa Prose de la saincte Euchariſtie, *La veuë, le toucher & le goust y sont trompez, la seule ouye est asseuree, il faut croire à la parole du Fils de Dieu toute veritable.* La foy nous faict apprehender ses incomprehensibilitez, *& ceste foy vient par l'ouye, & l'ouye par la parole de Dieu.*

Puissance admirable de la foy, qui nous preste vne lumiere surnaturelle, à l'ayde de laquelle nous descouurons celuy qui habitant *vne lumiere inaccessible* à nos prunelles corporelles, *met sa cachette dans les tenebres de son infinité*, impenetrable à nostre foible capacité. Si autrefois elle a faict fixer le Soleil dans les cieux, maintenant *Ios. 10.*
elle le nous faict contempler en terre, voilé du crespe des especes en ce sacré mystere.

III. Que si la foy vnissant nos entendemés aux veritez diuinement reuelees, a operé tant & de si grandes choses, comme les Escritures nous declarent ; quelle sera l'efficace de la priere fidele, faicte en l'vnion de nos corps & de nos cœurs, auec le Sacrement Eucharistique ? Si la Lune se renforce à l'aspect du Soleil, d'où elle emprunte toute sa lumiere: & si les moël-les des os s'enflent à mesure que la Lune croist, comment nos ames ne seroient-elles renforcees *de ceste graisse de froment?*

L'on tient qu'il y a difference de sexe entre les Palmiers, & qu'ils florissent & fructifient à l'aspect l'vn de l'autre: comment l'ame ne croistra-elle de vertu en vertu, attachee & vnie si estroittement *au Dieu des vertus?* O mon Sauueur! que suis-ie sinon vn arbre sec, sans fruict, desraciné, mort; mais si vous approchez vostre bonté de ma misere, i'espere que *les fleurs repousseront en la terre de mon cœur, & que ces fleurs engendreront des fruicts.* La verge
Num. 17. seiche d'Aaron mise en l'Arche, florit & fructifia soudainement: quel cœur ne floriroit, & ne fructifieroit ayant sauouré la vraye Manne de l'Arche de la nouuelle alliance?

Si l'attouchement des os d'Elisee eu-
4. Reg. 13. rent ce pouuoir de la part de Dieu de redonner la vie à vn mort, quand la mort du peché posiederoit mon ame, si espererois-je tousiours, en me repentant de mon iniquité, de la resusciter par la chair vnie & viuifiante du Sauueur: car c'est
Ioan. 6. par elle *que la vraye vie vient en nous.* C'est

aux pieds de la montagne de ceſte humanité ſacrée que ſe caſſe la loy de rigueur, pour donner place à la miſericorde.

O mon Sauueur, i'adore l'eſcabeau de vos pieds! Pſal. 98.
Pieds comme à la Magdaleine, aſyle de mes maux, refuge de mes miſeres. *Mon ame ſans vous eſt vne terre ſans eau, arrouſez-là* de l'eau meſlée auec le ſang qui ſort à gros boüillons de voſtre flanc percé. O vray Moyſe! voilé ſouz des eſpeces qui cachent bien à mes yeux voſtre aſpect, mais non voſtre chere preſence, hé! *parlez à mon cœur des paroles de paix, penſez* Ierem. 19.
ſur luy des penſees d'amour, & non d'affliction.

Ie vous contemple auec les yeux de la foy ſur le thrône de voſtre humilité en ce Sacrement tres-adorable, comme jadis les Mages en la creche; non jà foudroyãt comme ſur Sina, non dans ce thrône de l'Apocalypſe, d'où ſortent des eſclairs & des tonnerres, nõ ſur vn thrône d'yuoire comme Salomon, ou d'or cõme Aſſuere, mais comme en celuy de l'Agneau, aux pieds duquel ſe mettent toutes les couronnes des vainqueurs, *comme en celuy de voſtre miſericorde, où nous deuons aborder auec confiance*, eſtant vn propitiatoire fauorable, pluſtoſt qu'vn Tribunal rigoureux.

Mais ie vous prie, mes tres-chers, representez-vous la puissãce que doit auoir l'Oraison jointe à ce Sacrement, puisqu'il contient celuy qui *a esté faict propitiation pour nos pechez*, & qui est tousiours *exaucé pour la reuerence* de sa personne. *Demandez*, disoit Salomon à Bersabée, *ô ma mere! car que vous sçaurois-ie refuser?* Et de grace, que sçauroit desnier l'Eternel Pere à vn tel Fils? Si nous deuons impetrer tout ce que *nous demanderons en son nom*, suiuant la diuine promesse, que n'obtiendrons le demandans par luy-mesme, & auec luy-mesme?

Hebr. 5.

4 Reg. 3.

Si le Roy de Moab se libera du siege où il estoit reduict aux extremitez, en victimant son fils sur les creneaux des murailles, de quelle oppression de nos ennemis visibles ou inuisibles, ne serons-nous deliurez par le sacrifice non sanglãt du Fils de Dieu, offert *au sainct Autel, duquel ne peuuent gouster ceux qui seruent au Tabernacle de l'infidelité?*

Que si la Thecuite & Abigaïl trouuerent l'industrie d'accoiser les iustes choleres de Dauid, combien plus puissamment le Sauueur de nos ames pourra-il adoucir les indignations de son Pere ceieſte, conceuës contre nos iniquitez?

Le Chantre royal diſoit autrefois, *Pour l'amour de Dauid voſtre ſeruiteur ne deſtournez pas la face de voſtre Chriſt*: mais renuerſant ceſte parole, ne pouuons-nous pas auſſi humblement dire apres la ſacrée Communion: O Seigneur, pour l'amour de voſtre Chriſt, que nous portons maintenant en nos poitrines, ne deſtournez pas voſtre viſage de nos miſeres, mais ſauuez-nous en faueur de ſon Nom. *Pſal. 131.*

Le bon Iacob ne trouua point de meilleure induſtrie pour mitiger le courage felon de ſon frere Eſaü que de luy preſenter la belle Rachel & le petit Ioſeph, il trouua la beauté de celle-là ſi rare, la douceur & mignardiſe de celuy tant gentille, qu'en leur conſideration il mit bas toute rancune, quitta ſa mauuaiſe volonté, & ſe ployant ſur le col de ſon frere, il plora chaudement ſur ſa face, & ſe reconciliant auec luy, il le receut tres-humainement en la part de ſon heritage. Que le peché nous aye tant que l'on voudra forclos du ciel, *la terre des viuans, & le lot de l'heritage de noſtre Pere celeſte, que Dieu aye iuré en ſon ire,* nous voyant rebelles à ſes loix, que *Gen. 33.*

nous n'entrerons point en son *repos.* Si est-ce que si la Penitence comme vne autre Rachel, se presente à ses yeux, accompagnée d'vne feruente Communion, ou se trouue le Ioseph mystique, *il luy est impossible de contenir sa misericorde dans ses choleres, tousiours sa pitié surmonte la rigueur, & la commiseration surpasse le iugement.*

Le Tygre le plus cruel de tous les animaux, redoublant sa cruauté par vne chaleur extraordinaire, tempere neantmoins ses fureurs si vous luy presentez vn Agnelet. *Que la main de Dieu soit tant pesante,* & chargée de foudres qu'il vous plaira, *que son zele soit embrasé comme le feu, que les pieds* de ses affections *soient dans vne fournaise ardante*, qu'il projette mille *maux* de peine contre nos maux de coulpe, si *l'Agneau qui oste les pechez du monde* luy est presenté, il deuient doux & traittable, & il oublie toutes iniures.

Souuenons-nous donc, mes tres-aymez freres, quand nous aurons esté si heureux que de participer à ce sacré mystere, où le vray, & non typique Agneau Paschal nous est distribué, de redoubler lors nos prieres auec vne grande feruer, demandans à l'Eternel Pere, en faueur de son cher Fils, les graces qui nous ſont plus neceſſaires : mais *demandons auec ferme foy ſans heſitation*, puiſque nous portons le pleige & le garand de ceſte promeſſe diuine, qui nous conuie à demander, ſouz l'eſpoir de l'entherinement de nos iuſtes requeſtes.

A tant auez-vous entendu 1. la ſolidité, 2. la ſuauité, 3. la puiſſance de l'vnion Euchariſtique, puiſſe-t'elle eſtre ſi forte en nos cœurs, ô mes freres, *que rien ne nous puiſſe ſeparer de la charité de Dieu qui eſt en Ieſus-Chriſt noſtre Seigneur*, lequel ſoit beny à iamais. Amen.

LVNDY.

De la force que nous communique le tres-sainct Sacrement.

HOMELIE V.

Qui manducat me, ipse viuet propter me. Ioan. 6.

Dan. 2. COMBIEN puissante deuoit estre la force, combien violente l'impetuosité, combien rapide le mouuement de ceste petite pierre qui destachee de la cime d'vne haute mõtagne, sans l'ayde de l'humaine main, vint à val de la pente, roulant precipitamment contre les pieds de terre de cét enorme Colosse, bigarré de tant de differents metaux que le Roy de Babylone voyoit en songe, pour remettre non seulement ces pieds, & leur baze en sa premiere poussiere, mais en renuersant encores toute ceste grande masse, la reduire par son terrassement en vne cendre menuë, le joüet du vent, voire l'éuanoüissement

ſement de l'air. Ainſi Dieu operateur de ceſte merueille, ſe plaiſt à deſtruire le fort par le foible, la grandeur par la baſſeſſe, le tout par le rien, pour confondre *la ſageſſe des ſages*, & bouleuerſer la puiſſance des forts. Ce Coloſſe, mes amis, eſt l'Image du monde, *dont la figure paſſe & ſa conuoitiſe* : & la conuoitiſe eſt triple, dict ſainct Iean, ou de gloire, qui eſt la teſte d'or, ou d'auarice, qui ſont les bras & la poitrine d'argent, ou de volupté, qui ſont le ventre & les cuiſſes d'airain ; le tout ſoubsbaſſé d'vn piedeſtal de terre: *car tout cela n'eſt que ſageſſe de terre, qui ne parle que de terre, qui adore le ventre, qui idolatre l'or, qui ayme la vanité & cerche le menſonge* ; & le tout n'eſt que *ſonge*. *Les riches ont ſongé*, dict Dauid, *& à leur réueil ils ſe ſont trouuez les mains vuides : Seigneur, vous reduirez leurs Idoles à neant, comme les réueries de ceux qui dorment*. Cét attirail neantmoins paroiſt grand aux yeux des mondains charnels: mais Dieu a pourueu aux perſonnes ſpirituelles *d'vne petite pierre*, & *ceſte pierre* eſt Chriſt en la ſaincte Euchariſtie ; pierre qui roulant du haut des Cieux dans les ames des fideles , y efface l'Empire de confuſion que le maling y voudroit eſtablir par l'ammoncelage de ses metaux. O Vierge, *qui estes ceste haute montagne de Syon où Dieu habite*, & d'où ceste pierre a esté destachée sans humaine operation, *qui estes fondée sur des sainctes montagnes, qui estes vne montagne de Dieu grasse & fertile*, roulez dans la vallée de nostre humilité la graisse des diuines graces.

Aue Maria.

C'EST donc de ceste force que la tressaincte Eucharistie participe à nos ames, mes tres-chers freres, que sera ce mien discours, auquel nous examinerons 1. la force qu'elle nous communique contre les ennemis de la saincte Eglise, 2. contre nos propres passions, 3. contre Dieu mesme, quand nous ioignons nos adorations & supplications à la participation de ce diuin mystere. Allons d'ordre.

I. Et disons que voirement c'est la coustume de Dieu de faire des choses grandes par des petites. Il est resolu de de-

Iud. 7. struire Madian, qui soubs la multitude de ses combattans faisoit quasi ployer

l'eſchine de la terre ; mais il ne veut pas qu'Iſraël attribuë ceſte deffaitte à ſa valeur: de tout ce grand monde d'Iſraëlites n'en voyla que dix mille (nombre aſſez petit) qui demeurẽt aupres de Gedeon, & ce Dieu *qui ſçait auſſi bien vaincre en peu qu'en beaucoup*, trouue que c'eſt encores trop. Choiſy d'entr'eux, dit-il à leur Capitaine, ceux qui lécheront l'eau en paſſant le riuage du fleuue non ceux qui ſ'approcheront pour en boire leur ſaoul, & il ne ſ'en trouue que trois cens: & auec ce peu de gens, luy dit il, ie mettray les Madianites en ta main, tu les defferas tous. Mais va premier ſur la brune recognoiſtre l'oſt des ennemis qui campẽt en la prochaine vallée vers le Septẽtrion: que ſi tu n'oſes y aller ſeul, prens auec toy ton Eſcuyer Phara. Gedeon part, & il voit du haut d'vne croupe Madian & Amalech couchez en la valée comme vne multitude de ſauterelles, meſmement leurs chameaux eſtoient innombrables comme le ſable de la mer. Eſtant de retour, voyla qu'vn de ſes champiõs recitoit vn ſonge qu'il venoit de faire, tandis que ſe faiſoit la deſcouuerte. *Il me ſembloit*, diſoit il, *que ie voyois vn gaſteau cuit ſous la cendre, roulant contre l'armée des ennemis, & renuersant leurs tentes & leurs pauillons, & les mettant tous en desroute. Voyla sans doute*, respondit vn de ses compagnons, *le glaiue de Dieu & de Gedeon, asseurément ils sont à nous, c'est faict d'eux*. Mais dittes-moy, mes cheres ames, ne voyez-vous pas la verité de ce songe en la saincte Eucharistie? n'est-elle pas *ce gasteau de pur froment, ceste foüace cuitte soubs la cendre, ce firmament en terre, esleué sur la sommité des montagnes*? ou comme dict vne autre traduction, *Ce pain tout rond, sousleué sur la teste des Prestres, ce pain vif*, roulant du haut des cieux, puisqu'il contient celuy qui *sied à la dextre du Pere tout-puissant*. Or que le siecle, le sang & l'Enfer leuent tant qu'ils voudront des armees de tentations en la valée de ce monde, subjette aux fascheuses bouffees des Septentrions, si nous auons recours à ce pain salutaire, *nous y trouuerons le glaiue de Dieu & de Gedeon*, pour mettre à vau-de-route tout tant d'ennemis qui se sçauroient opposer à nostre entrée de la terre promise.

Ce n'est pas tout, Dieu veut encores que ces trois cens hommes que Gedeon meine à ceste genereuse entreprise, mettent les armes bas pour rēdre leur victoire plus ſignalée : voicy l'equipage auquel il leur commande de ſe mettre. Ils prennent d'vne main des cruches de terre auec des lampes allumees dedans, de l'autre des trompettes, & Gedeon leur dict, Allons, & ce que vous me verrez faire faites-le. Il entre le premier dãs le camp, ſuiuy de ſes combattans, armez à l'auenant, il caſſe ſon pot, comme font auſſi les autres, & voyla leurs lãpes qui luiſent dans l'eſpaiſſeur de l'ombre de la nuict: il ſonne ſa trompette, les autres auſſi en meſme tẽps, il crie, le glaiue du Seigneur & de Gedeon, les autres luy reſpondent de meſme, & toute la valée reſonne en mille Echos: l'effroy ſaiſit les ennemis, la terreur Panique les ſurprend, Madian & Amalech ſ'entretuent les vns les autres, qui ſe precipitent, qui ſ'enferrent, qui ſe noyẽt, il n'en reſta vn ſeul en vie. Memorable ſtratageme ! qui ſouſtenu du doigt de Dieu, opere vne victoire qui ne ſe peut aſſez eſtimer. Voyez-vous encores icy dãs les ombres de ceſte figure eſclairees *de la lampe de la diuine parole, qui eſt vne lumiere à nos pieds.* *Pſal. 118.* Le meſme eſchec q̃ la S. Euchariſtie donne aux trouppes des Errans ſeparez de l'Egliſe, tandis qu'ils ſe repoſent

dans les valees des humaines raisons *au pied de la haute colline de l'orgueil & de la vanité de leurs sens*, souz les Tabernacles de leurs opinions, bien que diuisez entr'eux
Psal. 2. autant & plus que les Madianites & Amalechites, vnis neantmoins *contre l'espouse du Seigneur*, *& contre son Christ*, luy voulans enleuer *la terre beniste* du corps de son Espoux, *qui coule le laict & le miel des diuines graces*. Voyla nostre Gedeon; *car Iesus a vn Sacerdoce eternel*, *& est Prestre eternellement*, lequel accompagné des autres Prestres qu'il a establis Sacrificateurs & Soldats en son Eglise militante, qui prend le vase de terre des sainctes especes, & cache dedans la lumiere de son corps glorieux, & puis entonnant ces paroles adorables, *Hoc est corpus meum*, pareilles en nombre à celles-cy, *Gladius Domini & Gedeonis*; voyla que le camp de tous les Heretiques est en esmoy; l'vn dict qu'il contrediroit volontiers ceste verité, c'est le Pere des Protestans; mais que ces paroles le saisissent à la gorge: l'autre se jette à des interpretations figurees; l'vn se precipite en des sens destournez, l'autre se lance en d'autres passages moins clairs, qui s'enferre, qui dict, qui se desdict, tous

errans ſans pouuoir *atteindre à la ſcience de la verité*. C'eſt vn plaiſir de voir comme ils s'entremangent & s'entredéfont les vns les autres, combattans à l'aueugle cõme des Andabates. Le ſçauant de Saintes Eueſque d'Eureux, que ie nomme par hõneur, par ce que ie le touchois de conſanguinité, & par ce qu'il eſt recogneu pour vn des plus excellens Eſcriuains de ce ſiecle en ceſte matiere Euchariſtique, remarquoit il y a plus de trente ans en ſes Repetitions, deſia huictante quatre opiniõs erronées, differẽtes ſur ces paroles, plus eſclattantes que les trompettes, & plus eſclairantes que les lampes de Gedeon, *Cecy eſt mon corps*, tant il eſt vray que mille routes deſtournent du blanc, vne ſeule y arriue. Vous apprendrez encor de ce ſtratageme, ô Catholiques! à ne faire autre choſe, quand les Errans cõme des importunes Sauterelles, vous accableront d'vne multitude de raiſonnettes naturelles, à leur porter la lampe de la diuine parole dans la veuë, & crier hautement à leurs oreilles, Dieu a dict, *Cecy eſt mon corps*, & vous verrez que toutes leurs ombres s'eſuanoüiront au paroir de ce Soleil. *Que le Seigneur ſe leue & ſes ennemis*

Claud. de Saintes in Repet. de Euchar.

Psal.67. *soient dissipez, & ceux qui hayssent sa presence fuyent deuant sa face.*

1.Reg.17. Que si quelque Geant brauant l'ost d'Israël, se presentoit au moindre Catholique, il n'est point besoin qu'il se charge des armes de Saül, qu'il aye recours aux hautes sciences pour en venir à bout, il ne faut que prendre ces cinq petites pierres, *Car cecy est mon corps*, & vous verrez ces mõtagnes de chair: ces raisons dictees par la chair & le sang, terrassees, & ces Goliats estestez par leurs propres glaiues, quand ils se verront cõtraints de se tenir fermement aux termes de la parole de Dieu, à laquelle en apparence ils font semblant de deferer tout pour la renuerser toute. Qu'ils viennent donc armez iusques aux dents des artifices *de la vaine Philosophie*, & des apparences de la nature, nous qui marchons *au nom du Dieu des armées*, ne les pouuons redouter, car nous sommes debout *sur la pierre viue, où ceux qui heurtent se brisent, ceux qui y tombent se fracassent.* Qu'ils viennent ces Egyptiens aueuglez, *& qu'ils esperent en leurs cheuaux & en leurs chariots*, en leurs attraits bien enharnachez, mais *nous esperons au nom du Seigneur*. O Seigneur submergez-les dans la mer rouge de vostre sãg, faites qu'ils meurẽt à leur erreur pour reuiure à voſtre grace, que de lyons hurlans cõtre la verité, ils deuiennẽt douces brebis, que la nature Leonine ſoit ſuffoquee en eux, comme fut le Lyon de Sanſon, afin que nous puiſſions les voir en la compagnie des fideles, bien mortifiez par vne ſalutaire penitẽce, participãs au rayon du miel de voſtre corps precieux. *Iud.14.*

Car c'eſt par ceſte douce force, ceſte volontaire violence, que les cœurs humains veulent eſtre appelez à la cognoiſſance de la verité, ô mes freres, & pourtãt à l'imitation de nos Iſraëlites, ſuyuans de Gedeon, quittons les armes *charnelles & materielles, armes de tenebres*, de ſang & de confuſion, *pour nous reueſtir des armes ſpirituelles, des armes de lumiere, prenons le glaiue de l'eſprit, qui eſt la parole de Dieu, faiſons la retentir comme vne trompette, & paroiſtre comme vne lampe en ces lieux tenebreux*: que ce ſoit la colõne flãboyante qui nous guide emmy ces terreſtres obſcuritez, que le feu ſortant du buiſſon eſpineux de ce difficile, & incomprehenſible myſtere, *deuore ces cedres du Liban*, ces eſprits hautains *Iud.9.* qui voulans penetrer *cette lumiere inacceſſible*, ne la pouuans comprendre deſtituez des yeux de l'humilité, & de la foy, *blaſphement ce qu'ils ne ſçauent pas.*

Tenons nous fermes à ces sainctes paroles sorties par vne bouche qui peut tout ce qu'elle veut,& qui veut ce qu'elle dit, *que ce soit là nostre rempart d'airain*. Laissons les aboyer tant qu'ils voudront contre le cristal argentin de ces mots plus clairs que la Lune, laissons les hurler comme des oyseaux nocturnes, cõtre ces termes plus luisans que le iour. Laissons les comme des sauuages Abantes, tirer les traits de leurs friuoles obiections, contre ces paroles plus manifestes que le Soleil, traicts qui retombent à la ruine de ceux qui les lancent, ces broüillards de sophistications peuuent offusquer, nullement esteindre cette esclatante Verité, verité *si forte qu'elle* preuaut toutes oppositions,
Psal. 116. *verité diuine, & qui subsiste eternellement*.

Quand le Sauueur, pour euiter l'enragee fureur du sanguinaire Herode, se retira auec sa beniste mere, & le glorieux sainct Ioseph en Egypte, les idoles se briserent en cette terre qui en estoit toute pleine: c'est ce qui auoit esté predit long temps auparauant par vn Prophete,
[I]s. 19. *Le Seigneur montera sur vne nuee legere, & tous les simulacres de l'Egypte crouleront*, tant a de force la presence de nostre Seigneur. Et

puis que luy-meſme eſt preſent en la ſaincte Euchariſtie, ne doutons point qu'il ne donne force à ſon Egliſe (entre les bras de laquelle il demeure en ce Sacrement, comme il eſtoit enfant dedans ceux de ſa Mere) contre l'Egypte de l'hereſie idolatre de ſes opinions, qui ſont autant d'idoles ſpirituelles, beaucoup plus pernicieuſes que celles de pierre ou de metal, cõme plus groſſieres, auſſi plus ayſees à rẽuerſer, comme fait voir clairement vne des belles plumes de noſtre France, qui milite ſous l'eſtendard de la Compagnie de *Ieſus*.

Le P. Louys Richeomme en ſon idolatrie Huguenotte.

Quoy? ſi le ſeul ſon des trompes Sacerdotales, fortifié de l'aſſiſtãce de Dieu, fit crouler & tõber les murailles de cette cité de la Lune, qui s'oppoſoit au paſſage des Iſraëlites: eſtimons nous que les Errans puiſſent auoir vn ſi fort rẽpart d'obſtination au tour du cœur, qu'il ne ſe fonde à la fin à l'eſclat de ces puiſſantes paroles, *cecy eſt mon corps*? Si le Sauueur renuerſa ceſte trouppe de ſatellites qui venoient pour le prendre au iardin, en diſant, *c'eſt moy*, comment pourroit reſiſter à l'Egliſe ces contrarians, quand armee de ce Sacrement adorable, elle leur dira, icy est mon Espoux, *Cette hostie salutaire qui donne la force & le secours contre toutes sortes d'attaintes.*

Ainsi quand la glorieuse saincte Claire, sœur bien-aymee du grand S. Frãçois, vit la ville d'Assise proche de sa ruine, & d'estre miserablement sacagee par les Sarrazins, elle prit d'vn grand courage le tres-sainct Sacrement entre ses bras, & faisant la ronde sur les murailles, en chãtant ce verset, *Seigneur ne donnez pas aux brutes les ames qui confessent vostre nom,* : & voyla que pareil effroy que celuy des Madianites saisit l'armee de ces barbares, qui se mit en route, & se deffit d'elle mesme.

Le Duc d'Aquitaine Guillaume n'ayant peu estre ramené à son deuoir par aucune des raisons & remonstrances de sainct Bernard, qui luy representoit auec vn grand zele les torts & violẽces tyranniques qu'il faisoit à l'Eglise, en fin ce grand sainct, inspiré de Dieu, eut recours à ce dernier remede de l'aborder auec le S. Sacremẽt en main, en presẽce duquel ce Prince recognut que voirement c'estoit *le Dieu terrible, & qui enleue l'esprit des Princes,* car en vn instant *changé en vn autre homme,* il se prosterne contre terre, & en adorant ſon Createur, proteſta de faire telle penitẽce, que depuis toute l'Egliſe a veuë auec admiration,non que edification: car quittant le monde & ſes põpes, il ſe rendit Anachorete, & depuis il fut Pere, inſtituteur & fondateur d'vn ordre religieux, faiſant au reſte des auſteritez pluſtoſt admirables qu'imitables: *ne voyla pas vn changement de la dextre du tres-haut?*

II. Que ſi la tres-ſaincte Euchariſtie donne vne ſi grande puiſſance à l'Egliſe contre ſes contrarians, penſez vous qu'elle ne communique pas la meſme fermeté à nos ames, contre leurs ennemis domeſtiques, qui ſont les paſſions deſreiglees? Ce que le deuot S. Bernard recognoiſsãt fort bien, il veut que ſes freres attribuent à la participation de ce diuin myſtere tout leur amandement, ſi les tentations ſont plus foibles, les concupiſcences alenties, les deſirs inutiles eſteints, les vengeãces abhorrees, l'impureté ſuffoquee, les vertus cheries & embraſſees, ce ſont autant d'effects, dit il, de ce pain celeſte & ſacré.

Nous ſortons de ceſte table, dict ſainct Chryſoſtome, *comme des Lyons qui ſoufflent le feu, rendus terribles au Diable:* c'eſt de

Hom. 61. ad pop. Ant.

l'attouchement de ceste terre benite que nous nous releuons plus vigoureux que ce Geant fabuleux antagoniste d'Hercule.

Psal.77. Où la commune lecture porte chez le Psalmiste, *l'hôme a mangé le pain des Anges*, vne autre dit, *le pain des forts*, car ce pain sur substâtiel nous cômunique vne vigueur Angelique: & quelle force est celle des Anges à vostre aduis? incroyable. En voy la vn seul qui tuë en vne nuit tous les aisnez de l'Egypte; vn autre qui foüette le
2.Mac.3. sacrilege Heliodore si serré, qu'il le laisse pour mort sous la pesanteur de son bras: vn autre qui tire seul vn nombre merueilleux de combattans en l'ost de Sennacherib: quoy plus, il ne faut qu'vn Ange pour rouler le ciel, combien plus facilement crouleroit il toute la terre?

C'est donc là nostre tour *de Dauid, nostre tour de force, deuant la face de nos ennemis,* nostre arcenal fourny de toutes armes, pour vaincre nos aggresseurs visibles & inuisibles, *ce pain côfirme nostre cœur, ce vin resiouyt nostre interieur. Je vous aymeray Seigneur: car vous estes ma force & ma fermeté, Seigneur en vostre force l'homme sera corroboré. Seigneur vous estes ma force & mon salut, mon protecteur & ma loüange*, dit le Chantre Roy.

Et qui rendoit à vostre aduis les premiers Chrestiens si constans, si resolus, si fermes en la foy, qu'ils ne cherchoiẽt que les martyres, sinon la frequente participation de ce Sacrement de force? *quand ie cheminerois en l'ombre de la mort*, dit Dauid, traitant de ce subiet en esprit Prophete, *ie ne redouteray rien, car vous estes auec moy: ô Seigneur, vous auez mis deuant moy vne table contre tous ceux qui me trauersent.* Psal. 22.

C'est ceste *corne de salut que Dieu à erigée en la maison de Dauid*, corne d'abondance: car c'est le comble des graces, comme nous vous monstrerons demain, *corne du iuste exaltee en gloire*, *corne de Licorne*, remede souuerain contre le poison, & corne de fermeté, *en laquelle est cachée toute nostre force.* Luc. 1.

C'est le glaiue de nostre victoire caché dans l'Ephod des sainctes especes, glaiue qui donne la mort, à la mort, & qui nous conserue la vie; *celuy qui me mange*, dit le Sauueur, *viura pour l'amour de moy.* 1. Reg 22.

Les Romains auoient certains boucliers appellez *Ancilia*, qu'ils estimoiẽt estre tombez des cieux, desquels ils croyoient dependre toute la force & le salut de leur T. Liuius.

Republique. Certes c'estoit à eux vne pure superstition: mais nous croyons religieusement que de la saincte Eucharistie, comme d'vn celeste pauois, depend le soustien & la protection de nos ames, *qui esperent sous les aisles de Dieu, & se tiennent à l'abry sous le bouclier de sa verité, contre les nocturnes terreurs* du siecle, & contre les tentations, *qui sont les fleches volantes de iour, les negoces qui se trafiquent en tenebres, & les incursions du demon du midy.*

Psal. 90.

En l'vsage de ce sacrement consiste toute nostre vigueur spirituelle, comme jadis la corporelle du robuste Samson en ses cheueux, si que comme luy, nous pouuons enleuer les portes de Gaza, percer tous obstacles, disans apres Dauid, *auec mon Dieu ie trauerseray vne muraille*: nous pouuons desconfire les Philistins, & continuer à dire, *si vne armée se presente à moy, mon cœur ne craindra point*, esgorger les Lyons de toutes difficultez, & poursuiure auec le mesme chantre, *ie chemineray sur l'aspic & le basilic, & fouleray aux pieds le Lyon & le dragon.* Et tout ainsi que le fort Samson, apres son combat, trouua vne source d'eau viue dans vn os tout sec, de mesmes pouuons nous, soubs l'apparence des especes Sacramen-

Iud. 15.

Psal. 90.

cramentelles trouuer *la veine des eaux viues, & la fontaine qui reialit en l'eternité*: & le roc *qui fluë les eaux au deſert de ce monde.*

Là nous trouuerrons *la Verge floriſſante* du vray Aaron, la manne fortifiante, le pain d'Elie ſouſtenant au deſert, la gaule miraculeuſe de Moyſe, le baſton qui ſouſtenoit Iacob au paſſage du Iourdain, car c'eſt ce myſtere que Dauid prechantoit, *Voſtre verge & voſtre baſton, ô Seigneur, m'ont grandement conſolé.* Pſal. 22.

Ceux qui portent l'herbe ſcytique en la bouche, ſentent vne ſi douce liqueur qu'ils ne peuuẽt eſtre alterez, & le Sauueur diſoit il pas à la Samaritaine, qu'il auoit *d'vne eau qui eſtãchoit la ſoif pour touſiours*? Vn gros fagot de la plãte appelé Agneau chaſte, ne peſe non plus qu'vn bouquet, par vne vertu ſecrette, qu'elle à de fortifier celuy qui la porte, & dit on de ceux qui enleuent de l'Arabie les gros fardeaux de Cynnamome, que le faix les auiue & anime tellement de ſa ſuauité, qu'ils ne pourroient pas porter la moitié du poids d'aucune autre matiere. O combien le vray Agneau chaſte, le corps de *Ieſus, vray baume, vray cynnamome aromatique*, communique t'il plus de force à vn frãc courage pour ſupporter les trauaux de cette vie, & les fatigues des plus faſcheuſes tribulations.

Que ce ſoit donc là, mes freres, *noſtre cité de refuge*, és perſecutions, noſtre table és tempeſtueux naufrages du ſiecle, noſtre autel de recours és aſſauts des tentations, diſans auec cet autre:

Tango aræ, numenque Dei venerabile adoro.

Ou d'vn ton plus ſacré, *Seigneur ie ſuis violenté & preſſé, reſpondez pour moy.*

III. Ou bien auec l'amoureuſe Sulamite, *ie le tiens le bien-aymé de mon ame, non ie ne le laſcheray point*, non pas meſme comme Iacob pour ſa benediction, car ce n'eſt pas la benediction qu'elle cherche, mais le Dieu de benediction, & quoy que ſa benediction ſoit vn precieux gage, vne precieuſe marque de ſon amour, ce n'eſt point ce ſigne qu'elle cherche, mais l'Amour meſme qui ne ſe peut terminer qu'en la bien-heureuſe vnion *du baiſer de la bouche* de ſon Amant, *& au ſuçer de ſes cheres mammelles*: que ſi vne fois elle peut eſtre ainſi attachee à luy, voyez vous qu'elle iure par ſes plus tendres mignardiſes, *les cerfs & cheureuils des campagnes*, de ne l'abandonner iamais plus?

Mais ſentez vous, Auditeurs, comme nous ſommes gliſſez imperceptiblement & engagez inſenſiblement dans la troiſieſme pointe de noſtre diſcours, qui vous doit eſtaler la force que nous donne le tres-adorable Sacrement, contre Dieu meſme, entant que, *flectitur iratus voce rogante Deus:* notamment ſi ceſte priere eſt viue, auec le corps de ſon fils bien-aymé, auquel il prend ſon bon plaiſir, qui eſt *noſtre Aduocat, noſtre mediateur*, & qui auſſi bien que le ſainct Eſprit, prie pour nous, *auec des gemiſſemens inenarrables.* Or comment ſe peut ſurmonter Dieu? *qui luy eſt ſemblable en force?* aduiſez. Iacob luitte toute vne nuit, aucuns diſent contre Dieu, autres contre vn Ange, & l'vne & l'autre des opinions ne manquent pas de probabilité: que ce fut vn Ange, Oſee le ſignifie, que ce fut *Oſ. 12.* Dieu, le texte du Geneſe ſemble l'inſinuer, *Geneſ. 32.* Iacob appellant le lieu de ſa luitte, *viſion de Dieu*, & diſant, *i'ay veu le Seigneur face à face*, & principalement par le changement de ſon nom en celuy d'Iſraël, qui veut dire, *preualant contre Dieu*, & qui luy auoit donné tant de force, que contraindre Dieu à luy donner ſa

benediction, sinon ce pain mystique, duquel il disoit allant en Mesopotamie, *Si*
Genes. 28. *le Seigneur me donne du pain pour le soustien de ma vie, il sera mon Dieu.*

Dieu donc, quoy qu'inuincible en sa puissance, se rend surmontable par sa misericordieuse pitié: mais de quelle façon? si nous procedons contre luy par adorations, par supplications: & ie ne pretends pas en ce lieu m'estendre sur cette verité de l'Adoration de l'Eucharistie, qui nous est autant iniustement controuersee par les Errans de nos iours, comme la reelle presence du corps du Sauueur vainement impugnee. Il suffit, ô Catholiques, que croyans nostre Dieu present en ce Sacrement, selon la clarté de son indubitable parole, nous l'y adorons, pour nous guarantir du blasme d'idolatrie, ou Artolatrie, que calomnieusement ils nous imposent. Les laissant dõc pour ce coup, venez, ô mes freres, bien-aymez, *& nous resiouyssons en nostre Sauueur, anticipons sa face par vne salutaire confession, &*
Psal. 94. *immolons luy des sacrifices de louange. Venez, & adorons-le, prosternons nous deuant le throne de sa bonté, plorons deuant nostre facteur, car il est le Seigneur nostre Dieu, & nous sommes son peuple,*

& les oüailles de ſes paſtis.

Adorons ce Ioſeph, Sauueur de l'Egypte de ce monde, il eſt noſtre frere, & noſtre chair, bien que nous l'ayons laſchement vendu par nos iniquitez, il nous remettra volontiers nos fautes ſi nous les recognoiſſons auec vn cœur contrit & humilié, il ne laiſſera de nous participer le pur froment des greniers celeſtes, voire meſme pour rien, il nous mettra à ſa table, nous fera boire à ſa coupe, & pleurera de tendreſſe ſur noſtre conuerſion. *Geneſ. 42.*

C'eſt luiter contre luy que l'adorer & le prier. Voyez la mere des enfans de Zebedee comme elle l'aborde *en l'adorant & luy demandant*. Voyez la Cananee, qui par vne ſaincte importunité obtient l'enterinement de ſa requeſte, comme auſſi l'aueugle de Hiericho.

A quoy tient-il que nous n'allions comme des Hemorroiſſes guerir nos tentations, qui ſont autant de fluxions de la chair & du ſang, non ià par le ſeul toucher du bois de ſa robbe, mais par la reception de ſon propre corps, remede ſouuerain de toutes nos maladies. *Geneſ. 27.*

A quoy tient il que couuerts, non ja de peaux de cheureau, mais *reueſtus de Ieſus-*

Christ mesme, nous n'allions obtenir du celeste Pere toutes ses benedictions, plus desirables, & de la *rosee du ciel*, *& de la graisse de la terre*.

A quoy tient-il que nous n'allions imitans les Cherubins, *en admirant l'Arche de sa sanctification*, & de sa bonté? pour qui reseruons nous nos rauissemens, si nous ne sommes transportez en considerant l'extase du diuin Amour en ce Sacremẽt? au moins si nous ne pouuons entonner ses iustes loüanges, que *nostre silence le loüe* à l'imitation de celuy que gardoit le grand Prestre, entrant pour encenser le *sainct des Saincts*: nous parlerons assez si nous aymons bien, & nous crierons hautement, si nous adorons profondement.

Si nous ne pouuons chãter le Trisagion des Anges, au moins nous pouuons nous prosterner comme les vingt-quatre Anciens, & dire apres eux, *que l'Agneau victimé est digne de toute loüange, gloire, honneur, & benediction*. Apoc. 5.

Que nos cœurs bondissent d'alegresse, à l'imitation du bon Dauid *deuant ceste arche de nostre salut*. *Venerons l'escabeau de ses pieds, & adorons le au lieu où il luy plaist se tenir debout*. Disons auec l'ardante Magdaleine,

O mon maiſtre, auec ſainct François, *Mon Dieu, mon grand tout*, auec ſainct Thomas, *O mon Dieu, mon ſeigneur*, auec ſainct Pierre, *Seigneur, c'eſt vous, commandez que i'aille vers voſtre bonté.* O ſi nous ſçauions comme il faut pratiquer ces adorations, *& nous humilier ſoubs la main puiſſante de Dieu, à combien d'exaltations nous releueroit-il.*

L'exemple en eſt tres-illuſtre au Comte de Hapſbourg Rudolphe ancien tige de la ſereniſſime maiſon d'Auſtriche, lequel pour auoir humblement accompagné le ſainct Sacrement, qu'il rencontra, que l'on portoit emmy les champs, à vn pauure malade, fut recõpenſé de la Couronne Imperiale, ainſi qu'il luy fut neuf ans deuant predit par vne ſaincte Religieuſe doüée de l'eſprit de Prophetie. Ie me doute, comme le monde eſt fait, que quelques eſprits auſſi foibles, que delicats, à qui la manne meſme tourneroit à deſdaing, ne trouueront pas cet exemple aſſez authentique, comme ſi ceux de Dauid ſautant, d'Heraclius portãt la Croix du Sauueur à pieds nuds, de Conſtantin tranſportant douze hottées de terre des fondemens de l'Egliſe du Vatican, de l'adoration des Mages d'Oriẽt, de Rebecca

Alb. Vuildemanſtad. præf. in Pauli epiſt. Chronic. antiq Sueu. Matth. Galen. Cat. 3.

descẽdant du chameau pour adorer son Isaac, estoient d'autre modele, ausquels neãtmoins aucun ne cõtredit: & ie dy cecy en passant, mes amis; parce qu'il me desplaist grandement de voir, que pour ne heurter ces gousts deprauez, l'on s'abstienne d'auancer beaucoup de bons exẽples qui seruiroient grandement à l'edification des ames deuotes, & confirmation de nostre saincte foy, qui pour estre plus receus semblent moins receuables, comme si l'antiquité donnoit plus de verité au fait, & comme *si le bras de Dieu estoit raccourcy*, & sa puissance vsee par le laps du temps.

L. 9. ap c. 11. Cæsarius rapporte qu'vn Gentil-hõme deuot, vestu de riches habits, rencontra par la ville la tres-saincte Eucharistie que l'on portoit pour viatique à vn malade, & en vn chemin fort fangeux, il se prosterne neantmoins, selon sa coustume, & voyla que ses vestemens ne se trouuerent aucunement soüillez. Que dites vous delicats, Cesarius est il bastant pour estançonner vostre peu de foy? vous trouuerez son authorité trop foible, peut-estre pour la fermeté de vos esprits, & ie fay vn iugement bien contraire: car ie la trouue trop ferme pour la foibleſſe de vos eſprits, qui clignent comme les yeux debiles à l'eſclat d'vne trop grande lumiere. Mais de grace, ne croyez-vous pas que les habits des Iſraëlites ne s'vſerent point en quarante ans qu'ils furent au deſert? voire (qui eſtoit vn double miracle) que ceux des enfans croiſſoient quant & leurs corps? Ne voyez-vous pas que la flamme de la fournaiſe ne gaſta pas ſeulement les habits des trois enfans? Or venez-ça, eſt-il plus difficile à Dieu de preſeruer des veſtemens de la bouë que de l'vſure & de la flamme? Ouy mais, il y a difference d'auctorité, non pas certes de diuinité; dittes mieux, vous croyez ce qui vous plaiſt, non ce qui ne vous aggrée pas: mais vne ame pieuſe & docile ne trouue rien de difficile à croire quand il prouient de la toute-puiſſance de Dieu, & qu'il eſt aduantageux à ſa gloire, & à l'aduancement en ſon amour.

Ne laiſſons pas donc de ſuiure nos exemples. Vn indeuot monté ſur vn cheual rencontre le ſacré Viatique que l'on portoit en ſon chemin, il deſdaigne de deſcendre, & voyla ſon cheual auſſi raiſonnable & humain que l'homme eſtoit

Diſcip in prompt. Exempl.

desraisonnable & brutal, qui s'agenoüille. Qui dict cela? vn maistre Docteur de l'Ordre du glorieux S. Dominique, qui s'appelle Disciple par humilité. Auez-vo⁹ de la peine, ô desgoustez! à vous persuader ceste merueille? escoutez l'Escriture qui vous dict qu'en la naissance du Sauueur *le bœuf & l'asne le recogneurent*. Lisez l'histoire de l'asnesse de Balaam. Non, non, allez à la nature, & regardez les Chameaux s'agenoüillans deuant leurs maistres, les Elephans adorans le Soleil qui se leue, *& ne soyez plus tant lourds de cœur & tardifs à croire*. Vostre incredulité vient de la crudité de vostre indeuotion.

Vne femme desbauchee voyant passer le tressainct Sacrement deuant le lieu où elle exerçoit son infame traffic, saisie d'vne soudaine & extraordinaire componction, O dit-elle, mon beau Soleil, daigneriez-vous bien jetter vos rayons sur la boüe de mes iniquitez? exercez vostre misericorde sur ceste miserable creature qui a vn grãd regret de vous auoir offencé: ce qu'elle proferoit auec vn sentiment extreme, & voyla qu'vne voix sortant du repositoire luy dit, *Femme tes pechez te sont remis*. C'est le mesme disciple qui rap-

Discip. ibid.

porte cét exemple memorable de la bõté du grand Maiſtre. Oreilles tendres, que trouuez-vous icy de diſsẽblable au faict de la pechereſſe penitente, puiſque c'eſt la meſme cauſe qui produict pareil effect en ſemblable ſubjet. L'hiſtoire du bon larron vous ſemble-t'elle plus facile? non pas à moy, car Dieu eſtoit autant meſcognoiſſable en la croix parmy les douleurs & l'ignominie, qu'en ce Sacrement, où ſa parole toute-puiſsãte eſt viue & efficace.

Or ſus, *benediction & clarté à l'Agneau aſſis ſur ce throne de ſa miſericorde, benit ſoit Dieu qui a donné telle puiſſance aux hommes* que de conſacrer ſon corps precieux, & le fixer en vn lieu determiné, comme jadis Ioſué fit le Soleil: & qui plus eſt de ſ'en armer & inueſtir, *comme de la vertu du tres-haut,* 1. pour reſiſter aux ennemis de l'Egliſe, 2. aux noſtres domeſtiques, 3. pour forcer la diuine bonté par elle meſme d'eſtendre ſur nous le bras de ſa miſericordieuſe clemence. C'eſt ce que ie vous viens de deſduire, tres-cheres ames, que Dieu beniſſe, au nom du Pere, du Fils, & du S.Eſprit. Amen.

MARDY.

De la grace Eucharistique.

HOMELIE VI.

Manducauerunt patres vestri manna, & mortui sunt. Ioan. 6.

C'EST grand cas que de tout ce que la gratieuse Rose, ceste Royne des fleurs, l'honneur des jardins, & l'œil des palissades, peut espanoüir de plus florissant, le serpent malencontreux, l'araigne pestilente le tourne en vn mortel venin : ouy, ceste mesme fraischeur, ceste mesme douceur, ceste mesme odeur, dont l'Abeille mesnagere, le Pharmacien industrieux tirent, celle-là son miel sauoureux, cettuy-cy ses distillations, ses cōpositions odorantes & salutaires, tant l'abus rend mauuaises les choses que Dieu a faictes *bonnes, voire tres-bonnes.* L'herbe appellee Rhododaphne, comme qui diroit Laurier-rose, est medicinale à l'homme, vne mort au ſerpent. Diſons tout cela de la ſaincte Euchariſtie, elle eſt le comble des graces à ceux qui la reçoiuent comme il faut, le faiſte des diſgraces à ceux qui ſont ſi malheureuſes que de ſ'y preſenter indignemēt. Noſtre texte nous aduiſe-t'il pas que les Iſraëlites pour auoir murmuré & mangé deſdaigneuſement le man, ce pain celeſte & Angelique, ils moururent au deſert? O beau Laurier! la victoire & le triomphe des *bons qui vous ayment*, & qui combattent ſouz voſtre ombre; vous eſtes donc le terraſſement & le malheur des inconſiderez, *belle Roſe de Hiericho*, vous qui eſtes la fine fleur dont ſe compoſe le miel de la deuotion plus amiable, comment vous tournez-vous en eſpine qui deſchire de ſes remords les conſciences ſcelerees & cauteriſees?

Vous eſtes vie aux bons, & la mort aux peruers;
Ainſi faict meſme cauſe vn effect bien diuers.

Mere de grace & de vie, faites par vos prieres que nous ne trouuions pas le iugement & la mort dans le remede de la vie & de la grace, & ſuiuez ce diſcours de la vie de la grace dont vous eſtes comblée. *Aue Maria.*

QV'EN la tresſaincte Euchariſtie, mes freres tres-chers, ſoit la plenitude de toutes les graces, c'eſt vne propoſition ayſee à prouuer, puiſqu'elle contient l'autheur meſme de la grace : mais la grace des graces eſt le bon vſage de ceſte grace. Pourtant apres vous auoir en premier lieu faict recognoiſtre ceſte grace, nous vous enſeignerons en ſeconde inſtance auec quelle circonſpection nous en deuons vſer : & en troiſieſme lieu, nous contemplerons la felicité du cœur qui eſt ſi heureux que de ſeruir d'eſtui à ce precieux joyau. Soyez attẽtifs.

I. La commune definition de ce ſouuerain bien tant queſté par les Philoſophes eſt celle-cy, *Vn ramas parfaict de toutes felicitez*. Or en quel object il aye conſiſté, c'eſt vn poinct où toute l'ancienne Philoſophie n'a veu goutte, la ſeule foy Chreſtienne *meſpriſant la vaine Philoſophie*, eſt arriuee *par la folie de ſes enſeignemens* à la ſupreme ſageſſe, colloquant ce bien ſouuerain en ſon vray centre, ſçauoir en la cognoiſſance & jouyſſance de Dieu. Or ce Dieu

Boet. de conſ. Philoſ.

comme vn autre Iacob a deux espouses, Gen. 29.
l'vne gratieuse comme Rachel, qui est l'Eglise triomphante, à laquelle il se communique *au beau iour* de l'eternité, qui n'a point de nuict *en la splendeur des Saincts, en la lumiere interminee* de sa gloire, *à face reuelee & descouuerte : car c'est la vie eternelle que de voir Dieu & son Fils Iesus.* Quant à la pauure Lia, la militante, ah! il ne se donne à elle qu'en tenebres, non qu'il ne luy donne la iouyssance de son vray corps, voire mesme & sa cognoissance, *car nous entendons la voix de Iacob* au Sacrement, Gen. 27.
mais c'est d'vne maniere inuisible & cachee, pour l'exercice de la patience & de la fidelité. Si donc le souuerain bien de l'Eglise qui triomphe au ciel, est en la possession de Dieu, pourquoy ne dirons nous pas que la souueraine beatitude des enfans de celle qui milite en terre, consiste en la fruition de ce mesme Dieu qui seant à la dextre de son Pere, ne laisse pas neantmoins par son corps de nous participer son ame & sa diuinité? Que fera ceste pauure Lia, puisqu'elle n'a pas les beautez & perfections de sa sœur? il n'est pas raisonnable qu'elle aye vne iouyssance si parfaite & entiere.

Exod. 33.

Moyse estant encor Pelerin sur la terre, & dans l'Eglise militante, pressé du beau desir de son grand amour, osa bien demander ceste grace à son Dieu qui vsoit de tant de priuauté auec luy que de luy parler, & l'admettre à sa conuersation par l'espace de tant de iours, *qu'il luy pleut, s'il auoit trouué grace deuant ses yeux, luy monstrer son visage*. Hardie demande; mais *que n'esperent, que ne tentent les Amans?* Dieu luy dit, Moyse mon amy, *tu ne sçaurois voir ma face; car personne ne peut me voir & viure*, la splendeur de ma diuinité plus esclatante que mille Soleils, est trop forte pour tomber souz la foible apprehension d'vne paupiere mortelle, *contente toy de voir mes espaules, car de voir mon visage il t'est impossible*. Cheres ames, quand les Errans de ce siecle, portez d'autant de temeraire curiosité, que ce grād Legislateur l'estoit de charité, vous diront selon leur coustume, Si le Christ est en l'Eucharistie monstrez-le nous; dittes-leur, O nos freres abusez, vos yeux sont trop debiles pour contempler le brillement de son beau visage, vous auez trop peu de foy pour l'y auiser & enuisager, contentons nous de voir ses espaules, les sainctes espe-

eſpeces ſacramentelles, derriere la paroy & les treillis où l'Eſpoux eſt caché qui nous regarde, ſans que nous le puiſſions apperceuoir, & quand nous voyons le dos d'vne perſonne, nous iugeons ayſément que ſon viſage eſt de l'autre part, bien que nous ne le voyõs pas: ainſi la foy (qui eſt, comme dict S. Paul, *des choſes inuiſibles & non apparentes*) ſouz les accidens du pain que nous voyons, nous faict recognoiſtre la propre ſubſtance du corps du Sauueur en vertu de ſa parole, à laquelle *rien n'eſt impoſſible.* Luc. 1.

Mais que dit-il plus, Dieu à Moyſe, ce qui faict fort à noſtre propos, *Voyla ie te monſtreray tout bien*, & quel eſt ce bien ſinon ſa manifeſtation, ſelon que le Sauueur a declaré en S. Iean, *Ie me manifeſteray moy-meſme à celuy qui m'aymera.* Mais en quel myſtere de la Religion Chreſtienne ſ'opere ceſte oſtenſion de tout bien, ceſte manifeſtation diuine, ſinon au treſſainct Sacrement, où Dieu en ſoy-meſme nous participe tout bien, & ſe declare aſſez par ſa parole: car quand il dict, *Cecy eſt mon corps, parole fidele, & digne de toute acceptation*, & ſans exception, que veut plus l'ame pieuſe, ſinon dire auec l'Eſpouſe, *Mon cœur ſ'eſt*

Exod. 33.

Iean. 14.

1. Tim. 1.

escoulé si tost que mon bien-aymé m'a faict entendre sa voix: ou auec Dauid, *Mon cœur & ma*
Psal. 83. *chair tressaillent au Dieu viuant.*

Rom. 8. Si l'Eternel Pere, dict S. Paul, *nous donnant son Fils* en son Incarnatiõ, *nous a doné en luy toutes choses*, ce Fils se donnant soy-mesme à nous en ce Sacrement, selon qu'il a dict, *Le pain que ie donneray c'est ma chair pour*
Ioan. 6. *la vie du monde*, comment auec son corps, son ame, & sa diuinité (car il ne faict point de reste en ceste donation) ne nous auroit-il donné *tout bien*, & tout le souuerain bien? *Quel est tout ce qu'il a de beau, tout ce qu'il*
Zach. 9. *a de bon, sinon ce froment esleu, & ce vin engendrant les Vierges*, dict vn Prophete presignifiant cét ineffable mystere?

Croyez moy, comme tous les ruisseaux, les riuieres, & les fleuues aboutissent à la mer, & les veines au cœur, & les branches au tronc, & les lignes au centre, ainsi toutes les diuines graces qui decoulent par le merite du sang de *Iesus* ès tuyaux des autres Sacremens (*& c'est ceste pourpre royale*
Cant. 7. *decoulante par des canaux*, dõt parle l'Espouse) viennent toutes fondre dans celuy de l'Eucharistie, le fondique, la mer, la veine caue, le tronc, & le centre de ce sang & de ce corps precieux.

Les rays ſolaires ramaſſez dans le creux d'vn miroir excitent des flammes, & les diuines graces, qui ſont autant de rayons du Soleil de Iuſtice, recueillies en ce Sacrement, miroir ſans tache, digne d'eſtre admiré & adoré, miroir qui ne repreſente pas vne ſimple Image, mais le vray corps de celuy *qui eſt l'Image de la ſubſtance de ſon Pere eternel.* O que d'embraſemens elles excitent dedans les cœurs diſpoſez à reciproquer le ſainct Amour!

Comme la Manne figurée auoit toutes ſortes de ſaueurs terreſtres, ceſte veritable a toutes ſortes de faueurs celeſtes, auec ceſte difference, c'eſt *que ceux qui ont* Ioan. 6.
mangé la manne du deſert *ſont morts, mais ceux qui mangent* celle des Autels *viuront en l'eternité.* Geneſ. 2.
Vray fruict de vie, communiquant l'immortalité.

Pour ce eſt il appellé comme par ſurexcelle, le Sacremẽt de grace, & nõ d'vne ſeule grace cõme les autres qui ont chacun la leur affectée, mais *de bonne grace* (car c'eſt ce que ſonne le mot d'Euchariſtie) c'eſt à dire, de la grace que dõne celui qui eſt la meſme bõté & la meſme grace. Que ſi *la femme ſaincte, & qui a la crainte de Dieu, eſt appellee grace ſur grace*, phraſe qui denote vne

grace sureminente: encherissez là dessus, benistes ames, par la grace de la participation du corps du Sauueur : ne disons dõc
Psal. 110. plus que c'est le *souuenir des merueilles de Dieu*, mais plustost le faiste de ses munificẽces. Isaac ne sçait plus que dõner à Esaü, apres
Gen. 27. auoir inuesty Iacob de tous ses biens par sa benediction : & que nous peut bailler dauantage le tres-benit *Iesus* apres s'estre donné soy-mesme?

O vraye corne d'Amalthée ! qui nous jettez toutes sortes de fruicts, *fruicts d'honneur & d'hõnesteté, fruicts de palme tressauoureux aux palais* des bonnes ames ; non seulemẽt
Apoc. 22. douze fois l'an, comme cét arbre de l'Apocalypse, mais à toutes les heures, à tous les momens, car à tous les instans se distribuë, sans se consommer, ce pain quotidien, *ce benit fruict du ventre de Marie.*

Pain des faces, ou plustost des graces, pain de propositiõ tout sacré, tout sainct, tout chaud, tout vif, tout boüillant d'a-
Iud. 6. mour. Toison de Gedeon, pleine de la rosée du ciel, teste du diuin Espoux distillant les meres-gouttes de ses plus tendres faueurs, carreau d'aromates, qui cõtient le mesme parfumeur comme vne fleur odorante, *rayon de miel distillant* : miel com-

poſé de toutes les plus floriſsãtes graces. Car comme le Roy des Abeilles ne ſe met iamais à l'eſſor qu'enuironné de tout ſon exain : ainſi toutes les benedictions accompagnent ce Sacrement adorable qui a en ſoy le Roy *des benedictions de douceur.* Pſal. 20.

C'eſt vne vraye Panacée compoſee de tous les ingrediens neceſſaires pour la gueriſon des maux interieurs, vn mithridat ſouuerain contre *les malices ſpirituelles* qui empoiſonnent les ames, vne terre beniſte & ſigillée cõtre le venin des cœurs : vne Nicotiane cõtre les playes du peché & les bruſlures des concupiſcences : vn Dictame cõtre *les traicts ardans du maling*, vn Moly à la fleur blanche en l'apparẽce des eſpeces, à la racine noire, pour l'obſcurité de ce myſtere, contre les preſtiges & illuſions de Sathan : vne fleur de froment contre les picqueures des Dypſades inuiſibles, vn vin de palme, vn *mouſt de pommes de Grenade* contre ceux qui ſont enyurez du ſuc d'Ophiuſa des vanitez du ſiecle.

Mais comme ceux qui contre vne maladie vehemente veulent prendre vn medicament puiſſant, ont de couſtume de ſe diſpoſer par quelques potions preambulaires & preparatoires, de peur de remuer II.

tout à coup les mauuaises humeurs, & tomber en des conuulsions & syncopes. Ainsi la grace *qui ne peut entrer en vne ame maligne*, doit estre receuë auec la preparation de l'expulsió de son cōtraire, qui est le peché, & quant à l'autheur de la grace, *puisqu'il est sans peché, & qu'il hait l'iniquité, comment le voudrions-nous loger en vn corps soubmis à la deprauation?* ne seroit-ce pas boire & manger *son iugement*, comme fulmine l'Apostre, que de le traitter auec tant d'indignité, & trouuer iustement le boucon de la mort dans le morceau de la vie?

Pensons-y serieusement, mes freres, & preparons-nous *à manger ce pain vif auec vn grand discernement*, auec vne exacte purga-
Prou. 23. tion precedēte: *Quand tu seras*, dict le Sage, *à la table d'vn Prince, pense que tu as le cousteau dans la gorge, & mange ce qui sera mis deuant toy*, auec circonspection, *sçachant qu'il a ton ame en sa puissance*. Cela ne se verifie-t'il pas à la lettre au banquet Eucharistique? *banquet*
Isa. 25. *de graisse, banquet de vendange, mais banquet de graisse de moëlle*, c'est à dire, de grace interieure, *de vendange sans lie*; car c'est vn breuuage qui ne peut compatir sans se tourner & aigrir auec la lie de nos iniquitez. O que c'est bien en la reception de ce Sa-

crement tres-auguſte, auſſi bien qu'au parler, que nous deuõs dire auec Dauid, *Seigneur, mettez vne ſentinelle à ma bouche, & vne porte de circonſtance à mes leures.*

La grace certes eſt touſiours grace, & l'Euchariſtie touſiours telle, où qu'elle ſoit. Le Soleil eſt auſſi bien Soleil ſur la fleur que ſur la bouë: mais cõme il excite des puanteurs en celles cy, il parfume par celles-là. Et tout ainſi que l'eau ſ'altere ſelon le canal où elle paſſe, ou le vaiſſeau où elle eſt miſe en reſidẽce; ainſi la grace de ce Sacrement deuient diſgrace quand elle eſt tombée en vn eſprit peruers.

Iudas en eſt vn exemple formidable, qui tira le deſeſpoir de ce gage d'eſperance, la damnation de cét arrhe de ſalut. *O routes de Dieu inueſtigables! n'euſt-il pas mieux valu à ce miſerable de n'auoir iamais eſté?* Mais quelle ſera ceſte preparation, vous ne l'ignorez pas, mes freres tres-amiables, les enfans y ſont Docteurs, c'eſt la Penitence: c'eſt elle qui comme fourriere *prepare les voyes du Seigneur, qui les dreſſe, qui releue les vallees de l'humilité, qui raualе les monts ſourcilleux de l'orgueil.* Ce ſont ces laictuës ameres qui deuoiẽt eſtre mangees auant l'Agneau Paſchal: c'eſt la mer de fõte de la nouuelle loy Exod. 12. Exod. 30.

où les tripailles des victimes doiuēt estre lauees, où nostre interieur doit estre purgé, nostre conscience nettoyee *par ceste* Psal. 50. *aspersion d'hyssope amere qui nous rend par son lauement blancs comme la neige.*

C'est la robbe nuptiale sans laquelle il est perilleux de se fourer aux celestes nopces du diuin Espoux. Ah! que ie voy Exod. 12. d'Israëlites qui mangent cét Agneau en haste, c'est à dire, qui examinent legerement leurs consciences, & puis se portent auec inconsideration & precipitation à la participation de la saincte Synaxe. Mais que i'en voy peu qui le reçoiuēt les reins ceints, c'est à dire, auec vne franche renonciation au peché, vne determinee resolution de n'y recidiuer plus, vne pureté exquise, vne recollection bien ferme, vne charité non feinte, le baston de la mortificatiō à la main, pour dire auec l'Apostre, *Ie corrige mon corps & le renge en seruice*: & les *pieds chaussez en la preparatiō de l'euāgile de paix.*

Ne sçauez-vo⁹ pas que les pains de propositiō qui n'estoiēt qu'vne platte pein- 1, Reg. 21. ture, vne ombre figurée de nostre celeste pain, ne furent donnez par Achimelech à Dauid & à ses gens, que premier ils ne se fussent declarez nets de toute soüilleure?

&de quel front certaines ames eshõtees, *dont les cicatrices ſont putrefiees & corrompuës à l'aſpect de leur indiſcretion, ames courbees ſous le faix du peché, ce talent de plomb*, qui a l'enfer pour centre, *peché qui eſt agraué ſur elles, comme vn fardeau intolerable*, comment, diſ-ie, oſent telles s'approcher de celuy *qui abomine l'impie & ſon impieté?*

La femme criminelle de deſloyauté, bourrelee du remords de ſa perfidie, poluë d'adultere, biẽ que ſon mary l'ignore, tremble neantmoins touſiours, & ſes carreſſes ſont accõpagnees d'vne continuelle palpitation de cœur, parce que,

---Hanc diri conſcia facti
Mens habet attonitam.

O ame, *qui as commis autant de fornications*, que de pechés, puis que par ces reuoltes tu as fauſſé la foy à ton celeſte eſpoux, il ne faut pas que tu dies par vne impieté qui ſeroit abominable, *Le Seigneur ne s'en apperceura pas, le Dieu de Iacob ne l'entendra pas:* car il a pour tiltre celuy de Cardiognoſte, *ſondeur de reins, c'eſt luy qui profonde l'abyſme & le cœur*, & l'abyſme du cœur, il ſçait mieux tes fautes que toy-meſme: ſi donc tu ne te laues dans le plain courant d'vne bõne Penitence, auec quelle contenance t'oferois tu presenter deuant sa face? Mais vien neantmoins pauure Sulamite esgaree, reuien, *appelle le ton pere, le gardien de ton integrité*, cet Espoux est tout bon, notamment enuers ton cœur miserable, retourne à luy auec regret de tes offences, & voyla qu'il te receura à mercy, effacera ton abandonnement de sa memoire, & iettera *tes pechez dans la mer de l'oubly*.

Ier.3.

Faut-il que nous tirions vne leçon honteuse de la superstition des Payens, qui estoient exacts en leurs lustrations & purgations ceremonieuses auãt que s'approcher des autels, ou de toucher les choses, qu'abusez, ils tenoient pour Sainctes.

Vous mon Pere tres cher, prenez ces dieux penates,
Ie ne les peux toucher que ie ne sois laué,
Du sang que i'ay sur moy du combat rapporté.

Aen. 2.

Dit le pieux Ænee à son pere Anchises, chez le grand Poëte. *Seront-ils pas de l'esprit des Niniuites*, au grand iour des assises vniuerselles, contre les abus des enfans de lumiere, *O si le Soleil de Iustice eust luy sur eux*, que n'eussent ils faict pour sa clairté, puis qu'ils estoient si exacts au seruice du Prince des tenebres.

Mat.12.
Luc.11.

Quoy? les animaux mesmes nous conuient à ces purgations, le serpent vomit son venin auant que se coupler à la murene, & la Lyonne coupable de l'acointãce du Leopard, court aux eaux ameres, & acres de la mer, pour n'approcher du Lyon auec le sentiment de ce meslange, de peur d'en estre deschiree, O ame pecheresse, *laue ton cœur, & le nettoye de sa malice, vomy ton iniquité*, auant que te ioindre à ton Espoux, auãt que de t'vnir à ce Lyon *de la tribu de Iuda*. Car ne sçais tu pas que c'est celuy qui a vn visage d'homme, c'est à dire, d'humanité d'vne part pour les bons, & vn front de Lyon d'autre costé, pour les peruers? c'est ce fils de l'homme, qui a d'vne main vn glaiue pour percer les cœurs de ses ennemis, & de l'autre des estoiles pour couronner ses amis.

Hier. 4.

Apoc. 1 19.

Il est là dans la fournaise de son Amour, ou cõme en celle de Babylone, il consomme les meschans, & cõserue les innocens. O Dieu! ame traitresse & Iscariote, quãd tu approches, coupable, de ce baiser mystique, entends tu pas cet espoux caché, qui te dit au fonds de ta conscience, *l'amie pourquoy viens tu icy*, crains tu point le sort desastré des Chorés & des Abirons? oses tu point ioindre tes tenebres auec ma lumiere, m'accarrer auec Belial, & Dagon? *si ie suis ton Dieu, où est l'honneur, si ton Pere, ou l'amour qui m'est deu?*

Ah! ie veux croire pour ma consolation qu'il n'y a point en cet Auditoire d'ame tant aueuglee & abandonnee, qui voulut auec vn tacite remors se presenter à la reception de ce mystere, mais tousiours est il vtile *de donner vn signe à ceux qui craignent Dieu de fuir deuant la face de son arc.*

Ie veux croire que nul d'entre vous voudroit mettre ce feu sacré dans le temple de son cœur, sans l'auoir au prealable purifié de toutes les profanations des Babyloniens, qui sont les pechez.

L'Ibis est vn oyseau, qui auant que se paistre de fleurs, a ceste coustume de se purger l'estomac auec l'eau de la mer. Cheres ames, si vous voulez trouuer sauoureux le vin virginal de ce Sacrement adorable, pour Dieu seruez vous auparauant des amandes ameres de la Penitence, amandez vous.

Car comme la pierre Diascoride qui s'esclaircit par la saliue de l'homme vif, se ternit dans la bouche d'vn mort, ainsi le Sacrement qui opere tant de lumieres & de graces en vne bonne ame, perd non seulemẽt sa vigueur en celle qui est morte de la mort du peché, mais aggraue dauantage son iniquité: *ils auoient encor le mor-*

ceau à la bouche, dit Dauid d'Iſraël, *& voyla l'ire de Dieu qui tombe ſur eux*. Ce qui eſt receu, dit l'Axiome, prend la forme de ce qui reçoit, & l'argent, dit l'autre, n'agit que ſelon la diſpoſition paſſiue; ſelon les receptions & les diſpoſitions ce Sacrement agit és ames, celles qui ont *la vie de la grace, l'ont encores plus abondamment*, celles *qui ne l'ont pas, en ſont encores plus fortement priuées* Ce ſont les vaches maigres & graſſes que Pharao vit en ſonge en vn meſme paſturage. Ioan.10. Luc.19.

Le venin de la cicuë, de ſoy n'eſt pas ſi preſent & mortel: mais s'il eſt pris auec le vin, il eſt prompt & irremediable, parce que le vin dilatant le cœur, luy fait receuoir ce poiſon plus penetramment: certes, le peché de ſoy eſt vn poiſon qui donne bien la mort à l'ame, mais *la patience, benignité, & longanimité de Dieu attend long temps à penitence celuy qui le commet* : mais quand l'ame eſt ſi malheureuſe & criminelle que de receuoir le vin celeſte de ce Sacrement, parmy cette cicuë de l'iniquité, ô Dieu que cette mort eſt mortelle, non il n'eſt point de termes aſſez energiques pour l'exprimer. Gen.41.

Il eſt vn certain ſerpent rouſſatre, qu'ils

appellent Scytale, qui se plaist dans les flãmes, lequel est fort pur, & qui sert aux medecins pour purger de la lepre, pourueu qu'il soit pilé auec de la racine d'Angelique, qui est chaude & forte. Le Sauueur se cõpare au serpent d'airain, serpent creux & sans venin, serpent pur & tout rouge des flammes du sainct Amour, où il se reçoit au tres-sainct Sacrement, & est tres-propre contre la lepre spirituelle du peché, car il est escrit, que *non par le sang des boucs ou des veaux, mais par son propre sang il a faict la purgation des pechez*, mais n'oubliez pas la forte racine d'Angelique, la Penitence, par laquelle *nous resiouyssons les Anges du ciel*.

Berchor. Red. Mor. l. 4. c. 26.

Prenons garde que *nostre Adam terrestre* & pecheur, *ne touche l'Adam celeste*, qui est sans peché, autrement nous serions comme les nauires chargees de fer, qui se froissent contre les rochers d'aymant en s'y voulant ioindre.

Si vne beste veneneuse touche vn verre d'eau bien claire, l'eau se tourne soudain, & deuient toute trouble: ne doutez point que quand vne conscience coulpable touche le corps du Sauueur, que la suaue douceur ne se change en vne noire fureur: *qui m'a touché*, diſoit-il, de l'hemorroiſſe ſymbole du pecheur.

Donc, comme nul animal n'oſe manger de la graine de l'herbe qu'ils appellent *Palma Chriſti*, ainſi eſt il à propos que l'hõme pecheur ſenſuel & animal ne s'ingere pas à la participation de ce fruit *de la Palme* qui eſt Chriſt meſme, *Retirez vous de moy Seigneur*, diſoit ſainct Pierre, *car ie ſuis homme pecheur: la beſte qui touchera la montaigne*, diſoit Dieu à Moyſe tonnant ſur Sina, *mourra de mort*: le miel ſi doux au palais enflamme le playes, ce Sacrement *plus ſuaue que le rayon de miel en la bouche* des bons, eſt fort contraire à ceux qui ont les ames playees ou vlcerees d'iniquité.

Taſchons donc, cheres ames, à bannir le peché de nos cœurs, & ſouuenons nous, que ſi les filles qui auoient à paroiſtre deuant la face d'Aſſuere, deuoient eſtre ſi nettes, polies & parees, qu'elles commençoient vn an deuant à s'attinter, nous deuons bien penſer à nous auant que nous mettre en la preſence de celuy à qui nul Aſſuere eſt comparable.

Or la meilleure preparation eſt vne

fortè contrition, *car c'est le cœur contrit*, dõt l'habitation est tant agreable à cet hoste: & quand ie parle de Contrition, ie parle de ceste douleur franche & volontaire, qui faict desemparer le peché de l'ame, non de ces Images ou Idees de Contritiõ, qui n'en ont que la crouste & le masque. Tel pleure exterieurement, qui n'a aucun desir d'abhorrer le peché, ains vne tacite volonté d'y retourner. Tel a vne forte douleur sensible nullement volontaire, & c'est la volontaire, non cette sensible qui fait la vraye & non feinte Cõtrition. Ce que ie dy pour la consolation de certaines ames scrupuleuses, qui ne pensent iamais estre contrites, si elles n'ont vn gros creuecœur, & force larmes: ce que ie dy aussi pour certaines ames foibles, & neantmoins enflees d'vne secrette tumeur qui pensent estre bien sainctes, quand elles ont versé quelque larmelette, & eslancé quelque souspir, & cependant si elles n'ont la volonté determinee au bien cela n'est rien: si la rosee est en la toison, & tout au tour la seicheresse aux
Iud. 9. enuirõs, disoit Gedeon à Dieu, ie cognoistray que vous me voulez donner la victoire de mes ennemis; mais si au rebours,

mes

mes armes seront infortunees ; il arriua ainsi, & il vainquit ; si l'onction, si la larme est interieure, si volontaire, ô la bonne Cõtrition, qui froisse, qui escrase, qui pert le peché, mais s'il n'y a que des mines exterieures, la Contrition est nulle, & le peché preuaut.

III. Pource les lettres sainctes ne trompettẽt par tout que le cœur *Preuaricateurs, venez à vostre cœur, mon enfant donne moy ton cœur, les hommes voyent la face, mais Dieu le cœur, car il est le Dieu du cœur humain.* C'est donc ce cœur qu'il faut purifier, c'est ce cœur qu'il faut preparer, la fille qui aura le cœur franc, ce sera celle qu'Elisee choisira pour Espoux à son maistre Isaac; Rebecca se trouue seruiable & volontaire, & voyla qu'il luy donne les brasselets & les pendans d'oreille pour arrhes & gages de mariage. *Genes. 24.*

Ie suis à la porte, dit l'Espoux, *& ie frappe, celuy qui m'ouurira son cœur, m'aura pour hoste, & ie demeureray auec luy*, i'y souperay, mais ie seray moy-mesme son banquet & sa viande, *tous ceux qui le reçoiuent ont le pouuoir de se rendre enfans de Dieu, heritiers de sa gloire, & coheritiers de Christ.* *Ioan. 1.*

A quoy tient-il donc, ô mes tres-aymez, que nous n'offrions ce cœur à nostre Espoux, qui en est si esperduëment amoureux pour luy en faire vn tabernacle, vn repositoire, puis que c'est *le cabinet de ses delices*, que ne le preparons nous pour l'y receuoir, sinon tant dignement, au moins le mieux qu'il nous sera possible? Oyez le beau cœur de Dauid, *comme il exhale ces bonnes paroles; C'est à vous Seigneur, à qui mon cœur le dit, que ma face vous cherche & recherche vostre face, mon cœur est prest, mon Dieu, mon cœur est prest, car vous estes le Dieu de mon cœur, & ma part eternelle, & ie suis entierement tout vostre.* Vostre, suis-ie Seigneur, par tant de tiltres de Creatiõ, & cõsecration, de redemption, de vocation, d'election, que ie ne suis mien, qu'entant que ie suis

Psal.115. vostre, *mais puis que ie ne peux recognoistre tãt de bien-faicts, qu'en receuant deuotement vostre salutaire calice, qui est la communication de vostre corps, & de vostre sang*, ô venez le doux hoste de mon cœur, venez visiter ce Zachee, ce Publicain, ce Pharisien miserable, venez & descendez en la maison *de vostre seruiteur, enfant de vostre seruante, rompez les liens qui me garrottent au peché*, tirez moy comme vn sainct Pierre de la prison des peruerses habitudes.

Entrez en mon cœur doux Ieſus,
Et qu'il ne vous relaſche plus.

Venez *en voſtre iardin*, cher Eſpoux, *& mangez y les fruicts plantez de la main de voſtre grace.* Là ie vous *offriray des bœufs & des cheures auec l'encens, des moutons*, c'eſt à dire, *ma force ſpirituelle, que ie reſerue pour voſtre seul ſeruice*: la pureté dont vous eſtes tant eſperdu, & l'oraiſon qui vous eſt tant agreable. En ce mien cœur ie vous *ay gardé toutes les pommes fraiſches & anciennes* du Verger de mon ame.

Ouy, ie ne vous promets pas ſeulement la moitié du Royaume de mon cœur, comme fit Aſſuere à Eſther, Salomon à Berſabee, mais ie vous donneray l'empire abſolu de mes affections ſans reſerue, ſans partage.

Non ià vne partie de nos biens, comme faiſoit aux Pelerins le charitable Abraham, non telle part qu'il vous plaira de ce que ie poſſede, comme offrit le bon Tobie à Raphaël, mais vne part qui faict le tout: car le cœur eſt vne partie qui faict noſtre totalité. Non ie ne diray point le *diuidatur* de la mauuaiſe courtiſane, car le cœur ne peut eſtre *diuiſé ſans mourir*, la vie eſt en ſon integrité, ceſte hostie pour estre *agreable & plaisante*, *doit estre viue*, & partant entiere.

Mais de quel digne ornement parerons nous ce receptacle pour y heberger vostre sacree personne, *O mon Roy & mon Dieu*? car bien que vostre humilité vous aye fait naistre dans vne estable, emmy des petits langes, si est-ce que ces drapelets blāchis par les mains de Marie, estoiēt fort blancs; & puis ce sein Maternel vous estoit vn digne repositoire en ce lieu digne de vostre grandeur. Il est vray que vous fustes enseuely dans vn tombeau de pierre, mais outre qu'il estoit neuf, les aromates qui vous embaumerent, & les suaires fort nets où vous fustes enuelopé, vous receuoient auec honneur: mais ie ne voy en mon ame que l'ordure de l'estable, & la dureté du sepulchre, non la blancheur des linges, non la charité des bras maternels, non l'odeur de la pureté que vous cherissez.

O qui me donnera vne riche tapisserie de vertus pour parer le cenacle de mon interieur, afin d'y receuoir mon Sauueur! car voyez vous, cheres ames, bien que le benit Iesus vescust en pauureté, & eust à mourir en la voirie du Caluaire ; ſi eſt-ce qu'il euſt vn ſoing particulier de la decence, & de l'ornement en l'inſtitution de ce myſtere, en vn lieu bien agéćé, pour nous apprendre, non ſeulement, ô Preſtres! l'exterieure propreté en ſacrifiant, mais beaucoup plus à nous parer des riches a tours des vertus en l'interieur, au temps de la ſacree Communion.

O que mon cœur n'eſt-il vne nacque nette & claire pour la reception de cette perle Euangelique! que n'eſt il auſſi riche que les coffres de Darius pour y loger ce diuin ioyau qui vaut mieux que mille mondes: que n'ay-ie les facultez d'vne Artemiſe pour eſleuer à ce cher Eſpoux vn Mauſolee conforme à ſa grandeur. O Roy des pauures d'eſprit, *dont l'eſprit repoſe plus volontiers ſur les humbles*, venez viſiter la deſolee cabanne de mon cœur, comblez la de vos graces, & elle ſera plus riche que les palus dorez, *mes nuits ſeront auec vous plus claires que les iours, & mes tenebres plus eſclatantes que la lumiere*. Demeurez *auec nous, ô Seigneur, car il ſe fait tard, le iour expire, & les ombres s'auancent:* ne nous abandonnez pas en ce pelerinage mortel; Luc 24 Cant. 2. 4.

mais faictes. 1. que nous recognoissions le comble de vos graces en ce diuin mystere. 2. que nous les receuions dignement. 3. en vn cœur bien preparé à la reception de vos benedictions, au nom du Pere, du Fils, & du sainct Esprit.

Ainsi soit-il.

MERCREDY.

Des biens de la frequente Communion.

HOMELIE VII.

Qui manducat hunc panem viuet in æternum. Ioan. 6.

LEs nacques où se forment les perles dans le creux de l'Ocean, ont ceste coustume tous les matins de s'esleuer sur la face de l'eau, & s'entr'ouurir, pour se paistre de la rosee des cieux, car c'est cette liqueur qui les nourrit & grossit, & quand le temps est nubileux, & que la rosee ne s'espluie pas, elles ne laissent de baailler pour se polir & esclaircir à la splendeur de l'air: & de fait, s'il vous plaist d'y aduiser, vous verrez clairement que les perles ont l'eau celeste pour matiere, & la lumiere pour forme: l'eau les enfle, l'air les arrondit

&adoucit. Les ames vrayement Chrestiennes & soigneuses de leur salut, ont la mesme inclination, car tous les iours si elles ne sont retardees par quelque empeschemēt puissant& legitime, nous les voyōs sortir du fonds de la mer du mōde, & venir à l'Eglise *ouurir leurs bouches* en la priere, *pour attirer l'esprit* de la diuine grace, & comme elles sçauent que le faiste de la Religion Catholique, & le plus haut culte qu'elle aye enuers la diuine Maiesté, est le Sacrifice Eucharistique, elles y assistent volōtiers, mais auec ceste difference que quelquefois elles ne cōmunient pas corporellemēt & reellement, mais tousiours spirituellemēt, si elles ne se grossissent de la rosée celeste du corps du Sauueur, par la reception du tres-sainct Sacremēt, elles ne māquēt pas de se polir de plus en plus à l'air de la saincte presēce. C'est ainsi que se forment les perles Euangeliques spirituelles, dās les nacques des cœurs biēfaits &les vniōs sacrees des creatures auec leur Createur, du Createur auec les creatures, &des fidelles entr'eux en la participation d'vne mesme viāde, n'ayās *qu'vn cœur & vne ame*, & ce cœur & ceste ame vnique est le mesme Sauueur, regnāt heureusement & paisiblemēt en leurs cœurs. EspritS. nuee celeſte qui auez ombragé ceſte nacque precieuſe la virginité de Marie, pour tirer du plus pur ſang de ſon cœur ceſte perle ineſtimable & incomparable l'humanité de noſtre doux Sauueur, eſpluyez vos benedictions ſur les ames du parlant & des eſcoutans: belle Eſtoile de mer, icy vos influences. *Aue Maria.*

PViſque la participation de tout bien eſt en la communication de la treſſaincte Euchariſtie, tres-beniſtes ames, dautant que nous y receuons ce vray Dieu, *auquel ſont toutes choſes, duquel ſont toutes choſes, pour lequel ſont toutes choſes.* Et puiſque tous les biens ſe rapportent à trois genres, d'honorables, delectables, & vtiles, i'ay penſé, de vous inuiter de la part du Roy de gloire au banquet des nopces de ſon Fils, & de vous y preſſer, en vous repreſentant 1. l'honneur, 2. le plaiſir, 3. le profit qui vous reuiendra de la frequente reception de ce diuin myſtere. Et ce diſcours ſera, comme preambulaire, auſſi plus Theoric, reſeruant à demain de vous entretenir de la practique de la Communion frequente.

I. Et pour commencer par les biens honorables, ce seroit vne impieté en termes de Christianisme, de ne croire que la source de toute gloire & de tout honneur est en nostre Sauueur. Il est la Sapience eternelle, de laquelle il est escrit, *En moy est la fontaine de gloire, & mes fleurs sont des fruicts d'honneur & d'honnesteté, c'est luy en la maison duquel est la gloire, c'est luy qui est reuestu de gloire & de beauté, c'est l'Agneau auquel est deuë benediction, loüange, honneur & gloire.* Quand donc nous beuuons à son costé precieux, ce que nous faisons en la saincte Communion, comme dict S. Chrysostome, sommes-nous pas abouchez au canal d'où deriue tout honneur?

Moyse pour auoir veu Dieu dans vn buisson ardant, reuint auec vne face radieuse par participation de la gloire, & S. Estienne ayant contemplé nostre Seigneur *Iesus à la dextre de son Pere*, voyla que sa face paroist resplendissante cõme celle d'vn Ange. Le B. Philippe Nery fondateur de la Congregatiõ de l'Oratoire, reuenoit ordinairement de l'Autel auec vn visage si clair & serein qu'il touchoit de veneration tous ceux qui le regardoient.

O Dieu, cheres ames, qui sçauroit exprimer le grand honneur qui nous reuient de l'abord d'vne ſi ſublime Majeſté! Voyla vne Royne du Midy qui ſe ſent fort honorée d'eſtre admiſe en la preſence de Salomon, *& cettuy-cy n'eſt-il pas plus que Salomon?* Ce fut vn grand honneur à la pauure Eſther d'eſtre eſleuee à la dignité d'eſpouſe d'Aſſuere, à Ruth d'eſtre renduë conſorte de Boos, à Rebecca d'eſtre mariée à Iſaac, aux pauures Roxanes & Compaſpé d'eſtre jointes au grand Alexandre: mais qu'eſt-ce tout cela comparé à l'honneur de nos ames *faictes conſortes de la nature diuine*, par la comunication de ce myſtere?

Ce fut vn grand honneur à Dauid d'eſtre tiré *du paſturage & de la garde des brebis*, pour eſtre gendre de Saül & ſon ſucceſſeur à la couronne d'Iſraël, mais qu'a cela de conferable auec le *diademe duquel noſtre Mere l'Egliſe nous couronne au iour de nos eſpouſailles*, qui eſt celuy de la S. Communion. Pſal. 77. Cant. 5.

Que ſi ceſte perſuaſion, comme diſoit vn ancien courtiſan chez Plutarque, que de la hantiſe des grands prouenoiét aux hommes toutes commoditez, & l'eleuation de leur fortune, eſt ce qui remplit les Cours des Princes de tant de ſuiuans qui beent apres leurs faueurs & liberalitez, quelles grandeurs ne deuons-nous esperer de l'accointãce du Roy des Rois, Psal. 23. *à qui est la terre & sa plenitude?* Lisez tout le beau Cantique de la saincte Vierge, vous verrez qu'elle recognoist Luc. 1. toute sa grandeur de celuy *qui a daigné reposer en son Tabernacle, où il a faict choses grandes pour la gloire de son nom.* Parcourez celuy de Zacharie, & voyez comme il attribuë à la venuë du Messie toute la gloire & la redemption d'Israël, & sa femme Elizabet combien s'estima-t'elle honorée de la visite de la tressaincte Vierge?

Grand fut le priuilege des petits Pa- Luc. 1. stoureaux qui veilloient sur leurs troupeaux autour de Bethleem, quand ils furent semonds par l'Ange à aller voir l'enfant nouueau né, & qu'ils furent admis humainement à sa sacrée presence. Les sages Mages s'estimerent encor beaucoup fauorisez d'auoir rencontré *l'enfant auec sa mere*, pour l'adorer & luy faire hõmage par leurs presens de leurs sceptres & couronnes, comme protestans de les tenir de *celuy par qui regnent les Rois*. Hé! quelle plus grande grace est celle dont nous iouyssons, mes freres, qui non seulement adorons, mais embrassons & receuons celuy à qui les puissances Angeliques chantent vn hymne de gloire? *Quelle nation est tant honoree que d'auoir ses Dieux si proches d'elle, comme le nostre l'est de nous*, residant nõ seulemẽt parmy no⁹, mais dedãs nous?

Que Daniel ne se louë plus d'auoir esté repeu dans vne fosse de lyons par vn Prophete enleué par vn Ange; qu'Elie cesse de tenir à honneur d'auoir eu vn Ange pour nourricier dãs les deserts, puisque l'Ange du grand Conseil est non seulemẽt nostre Pasteur, mais nostre pasture mesme.

Quoy que boiteux & estropiez comme des Miphibosets, nous ne laissõs d'estre admis à la table du vray Dauid: les aueugles & ceux qui clochẽt ne sõt forclos du bãquet nuptial du pere de famille. Voire & les Amans ne sont point rejettez de la table d'Assuere, biẽ qu'ils y prennẽt leur condẽnation. O bõté de mõ Dieu! à quel haut degré d'exaltatiõ est releuee nostre nature par la participatiõ de ce mystere. 1. Reg. 9. Esth. 3.

S. Pierre tout estonné de ce que le Sauueur estoit prosterné deuant luy: *Commẽt*, disoit-il, *Seigneur, vous me voulez lauer les pieds?* ce n'estoit que pour preparer le cœur de cét Apostre à receuoir ce haut Ioan. 13.

faiste de gloire, où le bon *Iesus* le vouloit conduire, en luy donnant son corps. Escoutez ce qu'il luy dit, *Si ie ne te laue les pieds tu n'auras point de part auec moy*: comme s'il luy eust dit, Si tu ne veux pas endurer ce moindre honneur quand mes mains toucheront tes pieds, ah! que diras-tu quand tout moy-mesme i'entreray dans tes entrailles, *demeurant en toy, & toy en moy*; c'est dans les poitrines des hõmes, ô Pierre! non sur le Thabor que ie veux faire des Tabernacles, car il me plaist que l'Arche de mon humanité campe sous des pauillons animez, i'ayme ces ames qui me reçoiuent *comme les Tabernacles de Cedar, comme les peaux de Salomon.*

Ioan. 6.

Et combien s'estima glorifié ce Salomon apres auoir basty son superbe Temple, le miracle des merueilles du monde, quand il pleut à Dieu y manifester sa gloire, y donner sa benediction, y exaucer les prieres, y rendre ses oracles. Or par la Cõmunion Eucharistique nul doute que *nos cœurs ne soient rendus temples viuans, comme du S. Esprit*, aussi du corps du Fils de Dieu. O qu'heureuse est l'ame esleuee à ceste dignité que d'estre le thrône de Dieu! selon qu'il est escrit, *l'ame du iuste est le siege de la Sageſſe diuine* : peut-elle pas eſtre appellee vn vray ciel, puiſque *le Seigneur eſt en elle comme en ſon temple & en ſon ſiege celeſte?* Il n'eſt plus queſtion d'admirer le rauiſſement d'vn S. Paul au troiſieſme ciel, mais il ſe faut eſtonner de voir le Dieu du ciel deſcendre en terre pour viſiter nos cœurs, & les combler de tant d'honneur. Ame deuote, quand tu reçois ton Createur, mais dy-moy, n'entends-tu pas reſonner en ton interieur par aduance, & comme par arrhe de gloire ces douces paroles, *Venez la beniſte de mon pere, & receuez le royaume que ie vous ay preparé en moy?* Et apres qu'vne perſonne a deuotement communié, ne peut-on pas vrayement dire *que le royaume des cieux eſt dans elle?*

Quelle ioye, & enſemble quelle gloire fut à ce bon vieillard Simeon *de receuoir entre ſes bras l'enfant Ieſus?* L'excez de ſon Cantique teſmoigne aſſez le ſentiment de ſon ame : mais c'eſtoit vn honneur à la Royne des cieux de l'eſleuer, nourrir, & coucher ſur ſon chaſte ſein. Dittes cela meſme de l'ame qui a receu ſon Createur.

Que ſi la croix pour auoir eſté arroſée de ſon ſang, ſi le ſepulchre qui receut ſon corps, ſi l'eſtable où il naſquit, ſi le Cenacle où il institua l'Eucharistie, si le jardin des oliuiers où la douleur comme vn pressoir luy exprima le sang & l'eau, si toute la terre où il vesquit a esté appellée saincte pour auoir esté foulée de la plãte de ses pieds adorables, si tous les lieux qui ont esté bien-heurez de sa sacree presence, sont honorez de tous les Chrestiẽs, celuy qui participe à son corps, non plus mortel & passible, mais glorieux & viuant, combien est-il honorable & respectable, *portant vn si grand thresor, bien qu'en vn vaisseau d'argile.*

Zachée sera à iamais renommé dans les Escritures pour auoir esté hoste de N. S. & bien qu'il fut petit de stature, si est ce que ce bon-heur l'a esleué à vne haute grandeur. L'ame vrayement humble & penitente, quoy que pecheresse, reçoit vne telle gloire de la participation du corps du Sauueur, que l'on peut dire d'elle *que sa stature est semblable à la palme*, par ce que se profondant en terre par l'humilité, elle pointe sa cime dans celuy qui est pardessus tous les cieux. Vous iugez bien assez maintenant, mes freres, par toutes les inductions que ie viens d'auancer, à quel sublime degré d'honneur nous

nous guinde la Communion frequente. Que ſera-ce ſi ie vous en deſcouure les deces : car pour dire le vray, les biens delectables ſont vne amorce bien plus viue pour attirer les cœurs humains.

II. Rien ne ſollicita tant le grand Alexandre à tourner ſes armes vers les Iſles fortunees, & courir toutes ſortes de hazards pour les conquerir, que pour auoir ſenty de loin les odeurs & parfums qu'vn doux vent porta ſur ſes vaiſſeaux comme il coſtoyoit leurs riuages. O qui pourroit exprimer les ſuauitez qui ſ'exhalent *de ceſte boutique du parfumeur*, la ſainɛte Euchariſtie, *où les ioues de l'Eſpoux ſont pareilles à des careaux d'aromates, où ſes veſtemens ſont par delà tous les parfums, où ſon nom eſt vn baume eſpanché*, où ſe rencontre *ceſte vergette de fumée composée de toutes les poudres plus odorantes, où le nard eſpand ſa ſouëfueté*, où eſt l'apaſt & le pain des Iſles fortunees de l'eternité. De grace mes amis, *Venez & voyez, vacquez & conſiderez, gouſtez, & recognoiſſez combien le Seigneur eſt doux*. Si ſa voix *eſt ſi douce*, que le Prophete compare *ſa parole au rayō de miel*, que ſera-ce *Pſal. 118.*
de ſon corps & de ſon ſang ?

N'eſt ce pas iouyr par aduance du Neɛtar & de l'Ambroſie, & participer auant que mourir aux ioyes du ciel que de posseder celuy qui est toute la ioye du ciel, en la veuë duquel consiste la vraye beatitude. Representez vous, cheres ames, toutes les fois que vous communiez que vous entendez resonner dans le fonds de vostre interieur ces amiables paroles que le Sauueur pendant en la croix disoit au larron, *En verité ie te dy que tu seras auiourd'huy auec moy en Paradis.* Car comme ceste promesse fut accomplie, non localement, car le bon larron ne fut pas ce iour là par delà le ciel des cieux, où est le propre siege de la gloire, mais neantmoins reellement, par ce qu'il veid le Sauueur dans le sein d'Abraham auec tous les fideles qui y reposoient: ainsi en la Communion, si nous ne sommes esleuez au Paradis, le mesme Paradis descend en nous, par ce que celuy qui *sied sur les Cherubins* ne desdaigne point de se glisser amiablement dans nostre sein pour esclairer nos tenebres, & nous liberer de l'ombre de la mort.

Le bon Iacob ayant trouué son fils Io-
Genes.46. seph, que pieça il tenoit pour mort, dominant sur toute la terre d'Egypte, O, disoit ce bon vieillard, *ie mourray maintenant*

en lieſſe puiſque i'ay peu reuoir ta face. Voyez-vous comme l'amour faict trouuer des douceurs dans les douleurs de la mort, & comme la preſence amiable de Ioſeph comble de contentement ce bon hõme: combien plus iuſtement vne ame pieuſe pourra-t'elle dire rencontrant ſon Sauueur en la ſaincte Euchariſtie, qu'elle ne pourra mourir eternellement, puiſque elle a en ſoy le gage de l'eternelle vie, & que nulle affliction la pourra accabler, eſtant iouyſſante de la vraye ioye.

Ce fut vn indicible contentement à la ſaincte Vierge & au glorieux S. Ioſeph quand apres auoir cherché le benit enfant *Ieſus* en Hieruſalem, ils le retrouuerent au Temple au milieu des Docteurs, *plein de grace & de verité*, leur monſtrant que vrayement en luy eſtoient cachez tous *les threſors de la ſcience & ſapience diuine.* Ce fut vne grande allegreſſe à la pauure & eſplorée Magdalene apres auoir longuement ſouſpiré aupres du ſepulchre de ſon Maiſtre, penſant qu'on luy euſt enleué, apres auoir cherché çà & là, de le rencontrer en fin dans vn jardin lors que moins elle y penſoit, dequoy toute tranſportée, elle ſ'eſcrie, hà! Maiſtre, mais

Luc. 2.
Ioan. 1.
Marc 10.
Ioan. 20.

voulant courir à ses pieds, azyle de ses maux, siege de son repos, elle en fut empeschee, par ces mots, *Femme ne me touche pas, car ie ne suis pas encor monté à mon Pere*. Mais que voulez vo⁹ dire, mõ Sauueur, qu'elle ne vous touche, par ce que vous n'estes pas encor monté à vostre Pere, & si vous y montez vne fois, cõment voulez-vous

1. Thess. 4. qu'elle vous touche, sinon *que vous la rauissiez quand & vous dedans les airs?* Voyez-vous, mes amis, comme ce toucher estoit reserué à la sacree communicatiõ de son corps au tressainct Sacrement, qui fut participé tant de fois à ceste Seraphique Amante dans son desert, apres l'Ascẽsion de N. S. par les mains des Anges qui l'esleuoient saine en l'air en la communiant. Ainsi le Sauueur respõdit aux incredules Capernaïtes qui ne pouuoient cõceuoir

Ioan. 6. *comment il nous donneroit sa chair à manger, Que sera-ce*, fit-il, *quand vous verrez le Fils de l'hõme montant où premier il estoit?* Comme s'il eust dict, Ceste creance vous semblera donc bien plus estrange apres mon Ascension. Diriez-vo⁹ pas qu'il prophetisoit l'achopement des Errans de ce siecle. Mais laissons les, pour dire que l'ame qui reçoit ce diuin mystere doit auoir la mesme ioye que l'vne & l'autre Marie, l'Innocente & la Penitente, & d'autant plus grande qu'il eſt permis non ſeulement de toucher les pieds de ce Seigneur tres-aymable, mais d'embraſſer tout ſon corps.

L'alegreſſe de l'Eſpouſe du Cantique, fut redoublée quand apres beaucoup de trauaux & de courſes vagabondes pleines de rencontres faſcheux, elle eut en fin trouué ſon bien-aymé: comme auſſi celle de la mere du ieune Tobie, quãd elle veid de retour celuy *qui eſtoit le bien-aymé de ſon ventre, le deſir de ſes vœux*, pour l'abſence duquel elle auoit tant ſouſpiré: car la priuation eſt vne queux qui affile & affine le tranchant de la iouïſſance, ſon amertume faiſant trouuer plus douce la ſuauité de la poſſeſſiõ. O cõbiẽ doit eſtre le plaiſir d'vne belle ame vrayemẽt amoureuſe de ſon Dieu, *qu'elle deſire en la nuict de ce ſiecle, auquel pour penſer elle ſe réueille de bon matin, & auquel elle aſpire du plus profond de ſes entrailles*, quand elle voit arriuer le iour & l'heure de ſon vnion auec luy! Certes cõme les choſes inſenſibles ſe portent auec impetuoſité & precipitatiõ vers leur centre, tel penſe-ie eſtre l'inclinatiõ de ceſte ame. C'eſt ce deſir qui exprimoit à Dauid ces eſlancemẽs,

Tob 10.
Prou 31.

Psal. 62. *O Dieu, mon Dieu, ie veille à vous dés la pointe du iour, mon ame & ma chair ont vne soif ardante de vous. Ouy, mon ame, pour estre engraissee, mais de la graisse du froment, afin que mes leures vous*
Psal. 41. *louent auec esiouyssance.* Et il se compare encor au cerf harassé qui cherche les claires fontaines.

Telle estoit la faim spirituelle de sa Ste parole qu'auoiẽt ces trouppes nõbreuses qui suiuoient N. S. par tout, voire dans les plus profonds deserts. Que si sa voix est si douce que de rauir tant de cœurs par les oreilles, son corps aura-t'il moins d'empire sur les affections, puisqu'il l'insinuë par nos bouches dans nos propres poitrines?

Quand nous lisons és Escritures l'ordinaire frequentation du Sauueur en Bethanie, nous disons ce chasteau bien fortuné, & estimons à bon droit tres-heureuses ces deux sœurs, ses cheres filles & hostesses, auec leur frere Lazare, de ce que ces bõnes ames possedoiẽt tant à souhait
Sap. 8. celuy *dont la conuersation est non seulement sans amertume & ennuy, mais ioyeuse & allegre.* O combien se plaist-il dauantage en la petite Bethanie de nos cœurs, principalement s'ils sont disposez à practiquer les

deux vies, actiue & contẽplatiue, figurees par ces deux ſœurs: que ſes inſpirations y ſont douces, ouy quand bien ils ſeroient morts & punis en l'iniquité, pourueu que nous retournions à luy auec deſplaiſir de l'auoir offencé, il les reſuſcitera comme le Lazare à la vie de ſa grace, *par ſa miſericorde, meilleure que mille vies.* Pſal. 62.

Et en quel myſtere ceſte miſericorde eſt elle mieux en ſon luſtre qu'ẽ celui-cy que nous vous preſchons, *où Dieu nous repaiſt de la graiſſe du froment & du miel de la pierre, pierre qui eſt Chriſt: Chriſt qui eſt vn rayon de miel diſtillant.* La manne eſtoit delicieuſe aux Iſraëlites, & ſur tout aux enfãs: car comme leur innocence approchoit de plus pres la pureté des Anges, ils auoient vne plus excellẽte diſpoſitiõ pour ſauourer ce pain Angelique, ils en eſtoient auſſi plus friands que de la mammelle de leurs meres, que des fruicts plus ſucrins: tel eſt l'appetit des bonnes ames ſur ce pain ſurſubſtantiel de la S. Euchariſtie: pour ce l'Eſpouſe apres auoir dict que *le nom de ſon Amant eſtoit vn baume eſpãché*, elle adiouſte, Cant. 1. *pourtant les ieunes filles*, les ames ſimples & pieuſes, *vous ayment.* C'eſt le rameau verd auec lequel, dict S. Auguſtin, le bon Pafteur fe faict fuiure à fes oüailles, lefquelles non feulement *cognoiffent fa voix*, mais *vont apres luy allechees par fes odeurs.*

Gen. 27. *L'odeur des veftemens de mon fils*, difoit le bon Ifaac, *eft femblable à celle d'vn châp fleury remply de benedictions.* O quels font les parfums dont l'ame eft embaumee, *qui eft reueftuë de Iefus-Chrift comme du Soleil de Iuftice!* Que fi Iacob auec fes habits empruntez de fon fils attira la benediction, quelle grace ne deuõs nous efperer de l'Eternel Pere, eftans habillez de celuy *qui eft Dieu de Dieu, lumiere de lumiere, & entouré de fplendeur comme d'vn habillement?* Si vous ne voulez, ô grand Dieu, regarder nos indignitez, *fi vous deftournez voftre face de nos pechez,*
Psal. 83. *au moins regardez la face de voftre Chrift, & foyez propice à nos infirmitez pour l'amour de fon nom:* qui veut dire, Sauueur, voyez-nous cõme des Iofephs couuerts de la robe bigarrée de fes perfections, cõme d'vn veftemẽt *de falut, d'vn habit de ioye.* Nous sõmes de pauures Mardochees, mais puifqu'il plaift à noftre Affuere nous tant honorer que de nous reueftir de fes paremens royaux, nous inueftir de fes graces, auons-nous pas grãde occafiõ d'efperer l'entree à vos nopces celeftes en cét equipage nuptial?

Ouy, mon Dieu, nous ne participons pas ſeulement aux delices incomparables de cette chair & de ce ſang, mais encor aux merites infinis de ceſte humanité diuiniſee, laquelle en toute rigueur de iuſtice a ſatisfaict pour nos iniquitez, *ce Sauueur nous a aymez, & s'eſt donné luy-meſme pour nous*, non ſeulement à la mort, mais en ce Sacrement pour noſtre rançon. III.

Ce n'eſt pas vn peu d'eau (*bien qu'il ſe ſoit eſpanché comme l'eau, luy qui eſt la fontaine de vie reiallissante à l'eternité*) que nous vous preſentons comme iadis le pauure Simmette à ſon Prince, *mais vn ſang ineſtimable qui parle bien mieux que celuy d'Abel*, car il ne crie pas vengeance, mais abolition. Ce n'eſt pas vne groſſe orange, comme celle que ce villageois apporta au grand Alexandre, mais bien celle la meſme que la Sulamite en ſon Epithalame compare à *vne orange floriſſante*, orange doree, & cet Eſpoux *a la teſte toute de fin or*.

Mais à quel plus haut faiſte d'vtilité ſçauriõs nous eſleuer ce myſtere, qu'ẽ diſant, que comme il a eſté inſtitué auec vn amour infiny, il nous cõmunique auſſi des graces infinies? Toutes cõparaiſons ceſſent icy, car quelle proportion du finy à

l'infinité; le don, le donnant, le donné, tout est infiny, prodigalité infinie, *miseri-corde sans nombre*. Voulez vous voir l'ocean dans vne coquille, *aquas quasi in vtre*, aduisez qu'icy la creature reçoit en son cœur celuy qui est non seulement *plus grand que son cœur, mais que le ciel des cieux ne peut contenir*. C'est icy que l'ame peut dire, *ie suis à mon*
Cant. 3. *bien-aymé, & son retour est vers moy, c'est icy, qu'abondante en richesses & delices, elle s'appuie sur luy dans le desert de ce monde.*

Donc, comme les negotiateurs bien-aduisez ont de coustume de frequenter les lieux où le trafic est plus grand, parce que là se font les profits signalez, ainsi ceux qui escoutẽt auec attention ce commandement du grand Maistre Euangeli-
Luc. 19. que, *negociez iusqu'à ce que ie vienne*, & qui sõt soigneux de mesnager leur salut, ils doiuent souuent aborder la table Eucharistique, où se distribuent les riches thre-
Ambr. l. 4. de Sacr. c. 4. sors des diuines graces. Là, dit sainct Ambroise, *les pechez sont remis*, comme la loy fut cassee au pied de la Montagne, là les puissances de nos ennemis inuisibles sont
Ignat. ep. 14 défaites, comme dit sainct Ignace, comme les visibles fuyoient deuant l'arche, là les tentations sont rallenties, les tene-

bres diſſipees, dit ſainct Bernard, comme les aſtres diſparoiſſent au leuer du Soleil, là ſe trouuẽt les antidotes de tous maux, & le magaſin de tous biens.

Bernard. ſerm. de cœn do.

Et comme les regions plus odorantes ſont celles qui ont dauantage de proximité auec le Soleil, ainſi les ames qui frequentẽt plus ſouuẽt ce Sacrement, *croiſſent en bonne odeur en Chriſt*, & prennent vne forte teinture de perfection, *ſi elles en ſont noires* d'humilité, *elles n'en ſont pas moins belles en charité*.

Les eſtoiles tirent la diuerſité de leurs graces, des diſpoſitions qu'elles ont à la receptiõ des rays ſolaires, & les ames ſont dautant plus illuminees qu'elles ſont ſouuent eſclairees du Soleil d'Oriẽt. Dõnez, diſent les Theologiens, deux perſonnes en eſgal degré de merite, quant aux operations vertueuſes, ſi eſt-ce que dans le ciel, où les ſaincts *different en clairté cõme vne eſtoile de l'autre*, celle-la ſera plus radieuſe, qui aura participé plus ſouuent icy bas au myſtere de l'Euchariſtie, choſe qui nous deuroit grandement inciter à ſa frequentation.

A force d'ẽter le Sauueur en nos cœurs, de ſauuageons ils deuiennent plantes, freches, idoines à porter les fruits des solides vertus : est-il aucun animal si farouche qui ne se domestique s'il est bien traité, & quel appast plus puissant voulõs nous pour appriuoiser nos cœurs à la deuotion que ce pain vif?

Ouy, pain vif, qui nous passe en soy, à mesme que nous le passons en nous: aussi est-il escrit, *que celuy qui le mange demeure en Dieu, & Dieu en luy*; voulez vous vne deïfication plus expresse ? non que nous changions Dieu en nous, dit sainct Augustin, mais c'est luy qui nous châge en soy, *mutabis eos & mutabuntur, tu autem idem ipse es.* Tout de mesme qu'en son Incarnation il n'a pas, dit sainct Athanase, *conuerty la diuinité en l'humanité, mais l'humanité a esté diuinisee.* Ainsi le fer ne châge pas le feu en soy, luy communiquant sa pesanteur, son obscurité, sa froideur, mais il se châge comme en feu, en tirant la chaleur & la lumiere.

C'est voirement en mangeant non du fruit deffendu, mais de ce fruit de vie, que
Genes. 3. l'on peut dire aux hommes, *eritis sicut dij*, par la communication de ce Sacrement, *nous sommes dits & faits enfans de Dieu*; *tousiours aduançans de clairté en clairté, par la mesure*

de la plenitude de Chriſt. Par luy nous ſommes transfigurez en la blancheur de ſes veſtemens, comme les animaux deuiennent blancs emmy les neiges des montagnes, & en la ſplẽdeur de ſon viſage, parce qu'il nous *cache dans ſa face* lumineuſe : par luy nous sõmes faisvaſes ſacrez, *marquez au coin du ſceau* de ce myſtere admirable. Par ceSa crement nous ſommes *introduits dans les celiers de l'Eſpoux, où il nous ennyure de l'abondance de ſa maiſon*. Là nous deuenons amoureux de ſa bonté en la gouſtant, comme ce peintre de la beauté de l'amie d'Alexandre en la pourtrayant. *Cant. 1.*

La vigne qui s'entortille à l'Oliuier, par traict de temps tire la qualité de cet arbre, & produit des raiſins de liqueur onctueuſe, & dit on qu'elle produira du vin Theriacal, ſi auãt que planter les iettõs on les oingt de Theriaque. Et cõment ne contracterons nous de bõnes & ſainctes qualitez, ſi nous nous vniſſons ſouuent à la ſource de tout bien ; cõme ceux qui attachent leurs affections à de mauuais obiects, *ſe rendent abominables comme les choſes qu'ils ayment*, ainſi la volonté qui ſe ioint à vn tel obiect, demeure bonne *Oſ. 9.*

en s'y transformant.

Les Pans qui couuent leurs œufs en des lieux blācs, engendrent des petits de couleur blanche, & l'exemple des verges de Iacob est puissant, pour faire voir comme l'obiet donne l'estre à la chose, *Approchons nous de Dieu*, mes freres, *& nous serons illuminez, & nos faces ne seront point confondues.*

Ceux qui sont valetudinaires ont besoing de frequenter les Medecins: ah! que nous sommes spirituellement maladifs & tous les iours subiets aux rencheutes. Iugez donc combien il nous est profitable de consulter souuent celuy qui est & nostre Medecin, & ensemble nostre Medecine, *dont la parole*, & aussi la chair, *est plus efficace qu'aucune herbe ny emplastre, car c'est luy qui a puissance de vie & de mort, qui meine aux portes de la mort & en rameine.*

Celuy qui chemine en vne region infectee d'vn air contagieux, n'oublie pas de se munir de preseruatifs pour euiter la pestilence; est-il quelque demeure plus pestilentielle que le monde, où tāt d'obiects nous sont autant de pieges & de chaussetrapes pour nous faire tresbucher dans les precipices du peché, & d'où viēt donc que quelques inconsiderez s'excusent de la frequente Communion? parce qu'ils sont, disent ils, bien auant dans le monde, ne se *condãnent t'ils pas par leur propre bouche*, puis que aduoüans leur mal, ils refusẽt le remede, s'accusans à mesme qu'ils se pensent excuser. Luc.19.

Et si celuy qui a à passer quelque bois, ou destroit renommé de brigandages, prend volontiers escorte pour aller auec plus de seureté, & se charge de bonnes armes pour se deffendre, puis que la compagnie de N.S. est vne armee, car il est tousiours entouré de plusieurs legions d'Anges, & les soixante braues d'Israël ne quittent point la couchette du vray Salomon, la saincte Eucharistie, puis qu'il est vn arcenal muny de toutes pieces, *vne tour de Dauid garnie de toutes sorces d'armes, pour la milice* Chrestienne, d'où viẽt qu'ayans à cõbattre en ce mõde *contre les malices spirituelles du Lyon rugissant & rodãt pour nous deuorer*, nous sommes si negligẽs à nous couurir dessous les aisles de N.S. se faut il estõner si nous sommes souuent attaquez, aucunefois blessez, quelquefois tuez aux rencontres des tentations, estans pris au dépourueu, & sans ceste salutaire armure.

Helas, mes freres, considerez pour l'amour de Dieu, que vous rendrez vn iour vn compte biẽ exact & rigoureux de tant & tant de iours solemnels que vous passez sans communier: ah! combien de paures ames dans le monde languissent, affamees & alterees de ce que nous auons de trop; plusieurs ont la commodité de frequenter ce diuin Sacrement (comme toy ville de Paris, qui és dans la graisse iusqu'à la gorge) qui n'en ont pas la volonté: plusieurs ont d'extremes desirs, qui n'en ont pas la puissance, Las! regardez tant de lieux d'Allemagne, d'Angleterre, d'Escosse, & de nostre miserable France, encore où l'exercice de la Religion Catholique est interdit sur peine de la vie: combien de nos freres languissent comme des Iobs en ces terres de Hus, ne participãs à ces diuins mysteres qu'à cachettes, auec vne contrainte grande, mais vne auidité incroyable.

Bon Dieu, quand ie ly la cruelle contrainte dõt l'on vsoit enuers cette saincte Princesse & martyre, Marie Royne de France & d'Escosse, detenuë prisonniere tant d'annees, priuee de l'vsage des Sacremens, & ie voy que sous main on luy faisoit

ſoit tenir des boëttes pleines d'Hoſties conſacrees, deſquelles elle ſe cõmunioit elle meſme en ſecret, ah! cela me tire les larmes des yeux.

Grand Roy, ſorty des entrailles de ceſte ſaincte, qui à l'imitation des Catherines & des Vrſules, a mieux-aymé perdre ſa vie que ſa religion, ſouſmettãt ſon col & ſa teſte doublement couronnee en terre à vn fer impiteux & barbare, pour acquerir vne troiſieſme courõne dedãs les cieux, ſeellãt de ſon ſang la creãce de ſes Anceſtres. O grand Roy, qui eſleuez voſtre throſne ſur les eaux du Nord, à qui rien ne manque que la Cõfeſſion de la vraye foy, pour laquelle voſtre Mere eſt ſi ſainctemẽt morte, regardez grãd Prince, d'vn œil de fils & de cõpaſſion, ce beau ſang qui vous appelle à la meſme creance, pour laquelle il eſt reſpandu, & qui au moins iuſques à ce que le ciel fauorable vous illumine, vous demande miſericorde pour tant de pauures Catholiques qui gemiſſent ſous la dure ſeruitude de ceux qui abuſans de la douceur de voſtre naturel, ſe counrent du nom de vos officiers, pour les traiter auec plus de rudeſſe. Que ce ne ſoit point ſous voſtre ſceptre, qui ne doit respirer que clemēce, vn crime capital de professer ceste creāce, pour laquelle celle qui vous a dōné l'estre a terminé ses iours d'vne mort si glorieuse & triomphante. Grand Coriolan donnez cela aux larmes & au sang de ceste Vetrurie, donnez cela à la pitié & à la pieté de celle, dans le ventre de laquelle, comme vn autre Augustin vous auez gousté le sel de la Sapiēce, ainsi vous serez doublemēt enfant d'vn si beau sang, & viuant & mourant; car viuant, il vous a donné la vie que vous auez en terre, & mourant il vous desire reuoir dans le gyron de celle, hors de laquelle il n'y a point de vieau ciel. Prions Dieu ardemment & serieusement, tres-cheres ames, pour la consolation de nos pauures freres Catholiques qui sont en Angleterre, & pour la conuersion de ce Prince & de son Royaume.

Et recueillez de tout ce discours, que, 1. les honneurs, 2. les delices, 3. & les profits vous conuient à la frequentation de ce diuin mystere, où est receu celuy qui regne auec le Pere, & le sainct Esprit, és siecles des siecles. Allez en paix.

II. IEVDY.

Derechef de la frequente Communion.

HOMELIE VIII.

Qui manducat me, & ipse viuet propter me. Ioan. 6.

LEs petites abeilles ne semblent faictes que pour le miel, aussi elles ne volent, ne bourdonnent, n'operent, ne vont à la picoree des fleurs, ne demeurent en leurs ruches, ne bastissent leurs cellules de cire, ne trauaillent, ne peinent, ne mesnagent, n'obeissent, ne vont à la guerre, ne s'eschauffent au combat, bref ne viuent & ne meurent que pour le miel, elles ne font que miel, ne mangent que miel, ne font œconomie que de miel, ne font leur residence qu'aupres du miel,

n'ont autre industrie que pour bien faire ceste sucrine & douce liqueur. Les auettes mystiques & spirituelles sont les ames deuotes, car elles n'ont autre bien, autre visee, autre dessein que de composer en elle le sacré miel de la deuotion, tiré & quintessentié des fleurs de toutes les vertus: mais la principale fleur de toutes, ains la Royne de toutes les fleurs, c'est *ceste fleur des champs*, *ce beau lys des valees*, le doux *Iesus*; residant au parterre du sacrifice Eucharistique, aussi les voit on frequemment empressees apres la reception de ceste fleur desirable, *fleur d'honneur, & fruict d'honnesteté*: c'est dans la *gorge*
Iud. 14. *tres-douce & suaue* de ce Lyon jadis mort pour nos pechez, mais depuis sa resurrection tousiours viuant & immortel, qu'elles trouuent les rayons d'vn miel plus sauoureux que celuy d'Hyblee: elles ne sont friandes que de ce miel, ne se preparent que pour sa reception, ne se parent que pour paroistre plus dignement deuãt cet Assuere, ne songent qu'à mesnager ses graces, ne vont à la queste des vertus que pour complaire à ce Dieu des Vertus, *qui les console en toutes leurs angoisses*. En fin ce sont de sacrees Espouses,

touſiours deſireuſes des embraſſemens & baiſers de leur celeſte Eſpoux, ames heureuſes qui ne reſpirent que Dieu, n'eſperent qu'en Dieu, ne ſouſpirent que pour Dieu, n'aſpirent qu'à Dieu. O frequentation du myſtere Euchariſtique, que tu es aymable, que tu es deſirable! Mon Sauueur, donnez moy l'appetit de ceſte eau qui baille la pointe du deſir quant & la ſatieté, faites que ie deſire de plus en plus de vous aymer, & que i'ayme à vous deſirer, *car vous eſtes tout deſirable.* C'eſt voirement de ceſte eau ſaillante de la roche viue, qui eſt le Sauueur, de laquelle quiconque boira aura en ſoy *vne ſource viue reialliſſante en l'eternité, car qui mange le corps du fils de Dieu*, dict noſtre texte, *aura la vie eternelle*. Celuy qui l'a en ſa poitrine, *coulera des fleuues d'eau viues de ſon eſtomac*, c'eſt l'eau de la pierre Moſaïque où s'abreuue tout Iſraël, c'eſt la ſource d'Agar qui reuigore les languiſſans Iſmaels, c'eſt la maſchoire qui eſtanche l'extreme alteration des Samſons. Icy l'entremiſe de voſtre aſſiſtance, ô le canal de ceſte celeſte ſource: ô Marie pleine de grace, *fontaine ſeelee des*

Iardins, puits des viues eaux, qui decoulent du haut Liban auec impetuosité.

Aue Maria.

LE discours de la Communion frequẽte que nous eusmes hier deuant vostre charité, mes tres-aymez freres, fut tout theoric, & comme preparatoire & dispositif à celuy que ie desire maintenant vous faire, lequel sera tout de la pratique de cet Exercice sacré: matiere necessaire, non que tres-vtile & importante, puis qu'il est question de l'vsage de ce fruit de vie, viatique de nostre pelerinage, pain vif qui nous cõduit à l'Oreb de la bien-heureuse eternité. Or si en aucun suiect, c'est principalement en celuy-cy que se peut preambuler & preluder ce traict.

Mille hominum species, & rerum discolor vsus,
Velle suum cuique est, nec voto viuitur vno.

Pour donner donc quelque ordre & entregent à ceste grande multiplicité d'aduis qui sont requis pour ce regard; selon la varieté des personnes qui composent ce nombreux auditoire: I'ay proietté de vous representer la frequentation de l'vsage de ceste diuine viande, 1.

par la circonſtance des perſonnes . 2. par celle des temps, & en 3. lieu, nous clorõs & ce diſcours & ceſte Octaue, par la demonſtration de la tres-vrgente neceſſité que nous auons d'eſchauffer la froideur de ce ſiecle de fer & de glace, par la frequente participation de ce myſtere ſalutaire.

I. Or ie vous declare tout à l'abord, quãt à la circonſtance des perſonnes, que pour proportionner & accommoder mõ propos à ceux qui honorent cet auditoire de leur preſence, ie mets à part, & comme en ſequeſtre les perſonnes religieuſes, entierement voüees & conſacrees à Dieu, & partant *non diuiſees*, comme celles qui coulent & roulent dans le monde vne vie ſeculiere & commune : ces belles & pures ames toutes dediees au ſeruice du diuin Eſpoux, ne ſçauroiẽt aſſez ſouuent participer à ces myſteres ſacrez, elles ont toutes les diſpoſitions requiſes, & puis qu'elles ſont entierement à Dieu, pourquoy Dieu ne ſera-il entierement à elles? auſſi ſe rend il à leur mercy, ſe sont ſes Eſpouſes plus mignardes, eſquelles, cõme auec les amis de ſon cabinet, il prend ſes eſbats & ſes plus tendres delices : ames heureuſes qui ont tout quitté pour posseder plus paisiblement le tout du tout, continuellement comme des amoureuses Maries aux pieds des autels du Sauueur: ames Angeliques qui ne se paissent que de la substance de Dieu, & *de la rosee des cieux qui germe le Sauueur*: Viuez heureuses & contentes ô belles ames, soyez l'obiect de nos admirations & imitations, non pas le suiect de nos instructiõs, qu'il soit loisible d'aymer vostre exemple, à ceux qui detenus aux seps d'vne vie plus basse, ne vous peuuẽt suiure en ceste genereuse entreprise que vous auez embrassee, de laquelle il est escrit, *qui la peut prendre, si la prenne.*

Mon intention est de regarder les ames, qui engagees en vne vie commune, ne peuuent pratiquer que la deuotion, que nous appelons Ciuile, conforme à la vie Ciuile & seculiere: ie dis donc hautemẽt, & le *crie comme vne trompette Euangelique*, à toutes personnes de tous estats & conditiõs, qu'il leur est tres-necessaire de frequẽter la tres-saincte Cõmunion. La Mãne figure de ce sacré bãquet, estoit elle pas pour tous les Israëlites indifferemment? Ce soleil des Sacremens luit pour tout le monde. Les pauures & riches, les ſains & les malades, ceux qui cheminoient par les rues, en fin tous ceux qui ſe rencontroient indiſtinctement, ſont-ils pas appellez au banquet nuptial en la parabole Euangelique? Vrayement pourueu que l'on aye la robbe nuptiale de la charité, que l'on ſoit purgé du peché par la S. Confeſſion, & ſans affectiõ au peché. C'eſt icy *le pain des affamez* que le Sauueur va tous les iours miraculeuſement multipliant, & qui ſe diſtribue ſans diminution dans le deſert de ce monde. Voire le grand Pere de famille *nous preſſe & nous pouſſe pour nous faire entrer* en ſon ſacré feſtin. Luc. 14.

Les pauures y doiuent venir ſouuent pour y acquerir des richeſſes qui valent mieux *que l'or ny le topaze*. Les riches pour changer leur billon temporel en or eternel, & *theſauriſer dans les cieux des threſors d'immortelle duree*. Les grands pour s'eſleuer encor d'auantage aupres de celuy qui eſt la meſme grandeur, *& grandeur infinie*, les petits pour releuer leur baſſeſſe, les heureux pour rendre leur proſperité plus ſolide & cõſtante, les miſerables pour trouuer de la conſolation en leurs tribulations, les forts pour eſtre maintenus en vigueur, les puſillanimes & foibles pour estre fortifiez. Bref parcourez de l'esprit toutes les qualitez & conditions des personnes qui combattent sur terre en l'Eglise militante, & tenez pour certain que nulle peut donner *vn combat legitime, ny consommer heureusement la course*, qui n'a ceste munition de guerre, & n'endosse souuent *ceste armure de Iustice*.

O Prestres! ô Ecclesiastiques! mes venerables freres, vous estes les premiers de la bande, c'est à vous de marcher à la teste des douze Tribus au passage du Iourdain de ceste vie, portans l'Arche du Testamẽt; *le peuple est tel que le Prestre*: vostre vie est le miroir où il dresse la sienne, vous estes les exemplaires où il se forme, le moule où il se jette à vostre imitation, il court à la vie ou à la mort. O Prestres!
2. Tim. 1. souuenez-vo⁹ de la *grace qui vous a esté cõferee par l'imposition des mains, & que ceste grace ne soit point vaine & vuide en vous*. Souuenez vous de la parabole des talens tant formidable: vous auez entre les autres receu celuy de pouuoir consacrer tous les iours le corps & le sang du Sauueur, & d'offrir ce Sacrifice incruẽt à l'Eternel Pere. Pour Dieu ne l'enfoüissez pas en la terre, *que vos mains operent constammẽt ce qu'elles peuuent*

& doiuent operer. Le Prestre, dict le Venerable Bede, *obmettant de celebrer tous les iours, sans legitime empeschement, priue la S. Trinité de loüange, les Anges d'vne ioye singuliere, l'Eglise d'vn thresor qui luy est precieux, les trespassez d'vn grand soulagement, & soy-mesme d'vn tres-grand bien.*

Repensez ie vous prie plus de trois fois au dire de ce sainct personnage, & gardez vous de tomber dans les negligēces qu'il marque, negligences crasses & supines, & tres-reprochables deuant Dieu, les Anges, & les hommes.

Souuenez vous que Melchisedec, en l'ordre duquel le Sauueur a voulu estre luy-mesme, & que vous aussi fussiez Prestres, offroit tous les iours pain & vin au Seigneur, figure de vostre quotidienne oblation. Souuenez-vous que c'est ce feu, ains ce Dieu *de feu* que l'Eternel Pere desire voir flamber continuellement sur son Autel, auec commandemēt aux Prestres de le nourrir soigneusement sans le laisser iamais esteindre. *Leuit. 6.* Miserables vous si captifs soubs les chaisnes infortunees du peché, vous l'enfoüissez dans le puits de vostre nonchalance, dans la boüe de vos impuretez.

Que chacun chemine en sa vocation, dict le
1. Cor. 7. grãd Apostre, & face sa vacation, la vostre
est de vacquer aux Autels & au Sacrifice:
que celuy donc qui est dedié à Dieu face les
choses de Dieu, *sans se mesler és tracasseries
seculieres: beaucoup sera exigé de celuy à qui beaucoup
a esté distribué.* Quelle plus insigne
commission vous pouuoit estre conferee
que celle de consacrer le corps & le sang
du Fils de Dieu? & vous la negligerez.
Iere. 48. *O! que maudit est celuy qui faict l'œuure de Dieu
negligemment. Receuez la puissance*, vous dict
l'Euesque en vostre ordination, *d'offrir
Sacrifice à Dieu, & de celebrer la saincte Messe.*
Et ne sçauez-vous pas que vaine est la
puissance qui n'est reduitte en action?
Zacha. 11. *O Pasteur, qui delaisses ton troupeau, tu es vne
Idole!* car tu ne le sers non plus qu'vne
Idole. Celuy qui n'exerçe sa professiõ est
vrayement vne Idole qui a mine d'hõme
& ne l'est pas, qui a des yeux & n'en voit
pas, des oreilles & n'entẽd riẽ. O Prestres
qui ne mettez pas en œuure la faculté
qui vous est dõnee, vous auez des mains,
mais qui n'operent rien: vous pouuez
administrer les Sacremens, & ne le faictes
pas, qu'estes-vous sinon vne Idole? Ouy
mais, ce me dira ce mauuais qui cherche

des ſubterfuges pour eſquiuer à rendre ſon deuoir, & croupir touſiours dans ſa fetardiſe, que ie ne die pis; Si ie ne ſuis pas digne d'vne ſi frequente reception que la iournaliere, hé ! mon frere, rendez vous en digne, rien ne vous peut rendre indigne de la manducation de ce pain quotidiẽ que le peché & la mauuaiſe vie. *Ceſſez donc de mal faire, & apprenez à bien faire*, ſortez & de l'iniquité, voire meſme de ſes affections, qui ſont les fauxbourgs d'vne ſi miſerable demeure, *Reuenez à voſtre cœur*, conſiderez la condition Angelique que vous auez embraſſee, *ne retournez pas en arriere depeur de la malediction*, rendez-vous capable d'exercer le miniſtere duquel vous auez receu le caractere ſacré: vous eſtes deſtiné à des fonctions celeſtes, ô mon frere bien-aymé, ne vous amuſez pas aux raiſonnettes de la terre. Hors le peché, & l'attachement du cœur à iceluy qui vous retarde d'approcher tous les iours de l'Autel, les autres indignitez ſont d'humiliation, non telles qu'elles doiuent empeſcher vn ſi bel effect. Au demeurant, notez que quand bien vos imperfections vous rendroient la Communion inutile & infructueuſe, ce qui ne peut arriuer que rarement, tousiours la saincte Eglise, & les viuans & les morts ont besoin de vostre Sacrifice; hé! ne les frustrez pas d'vn si grand bien.

O! filles, principalement, ô! vous Vierges pures, la fleur de l'Eglise, & *la plus illustre & specieuse portion du trouppeau de Iesus Christ*. Hé! Dieu, si dans le siecle vous aspirez, ou estes destinees par vos parens aux nopces de la terre, en attendant que cela soit, vnissez-vous souuent au sainct & immaculé Espoux des ames

Ierem. 3. mundes. *Il sera le gardien fidele de vostre integrité*, il vous conseruera sans corruption, vous maintiendra à trauers les attaintes des tentations, & vous donnera jalousement, nettes de cœur & de corps, à vostre premier mary: mettez-le *comme vn cachet sur vostre cœur* pour le garder des impressions illegitimes qui s'y pourroient introduire: reposez-vous sur cét Agneau chaste, & les illusions contraires à l'honnesteté seront soudain dissipees. *Iesus est la couronne des Vierges*: enguirlandez souuent vos cœurs de ce chapeau florissant de la saincte Communion, vous auez besoin cōme des fruicts delicats & tendres, d'estre conseruees dans ce sucre sacré.

Et vous, ô Vefues, qui auez beſoin d'vne chaſteté forte & courageuſe pour rejetter meſmes les Idées des actions licitement paſſees, c'eſt en la frequentation de ce myſtere que vous trouuerez les armes offenſiues & defenſiues contre les ennemis qui vous aſſaillent. Vous n'auez plus d'eſpoux en terre, adherez donc frequemment à celuy du ciel. C'eſt icy où i'appliquerois volontiers le *Tantum in Domino* du grand Apoſtre des Gentils. 1. Cor. 7.
Quand la Lune eſt en Eclypſe du coſté de la terre, c'eſt lors qu'elle eſt plus pleine du coſté du Soleil. Ces creſpes qui vous voilent teſmoignent que vos beaux iours ſont eclypſez icy bas: releuez-vous donc là haut, & vous rejoignez au Pere des lumieres. Dieu ne ſ'appelle pas ſans raiſon *le Dieu des Vefues*, mais il n'eſt le Dieu que des *vrayes Vefues*, non de ces fauſſes & affe- 1. Tim. 5.
tees qui ne ſont ſeparees des hõmes que quant à la volupté du corps, non quant à la volonté du cœur. Imitez donc ceſte bonne vefue Anne, laquelle comme le Luc. 2.
bon Simeon apres auoir vacqué longuement au ſeruice du Temple en ieuſnes & oraiſons, eut le bon-heur de receuoir le Sauueur en ſes bras. Soyez pareilles à ces

femmes anciennes qui pendoient leurs
Exod. 38. miroirs au Tēple comme les despoüilles
de leur vanité, pour vacquer d'ores-en-là
aux choses de Dieu, à la porte du Tabernacle.

Et vous, ô mariez, qui estes dans les tracas des mesnages, bien que diuisez, selon que parle l'Apostre, ie vous appelle neantmoins souuent à l'vnion de ce mystere, & ie dy souuent. Ah! que l'on ne me vienne point alleguer l'abstinence des anciens Sacrificateurs, pour en tirer vn exemple en la loy de grace, d'amour & de douceur. Ie sçay que l'Apostre l'a conseillée pour vacquer à la priere, mais ce n'est qu'vn conseil, non vn commandement. Que ie hay ces maximes impertinentes qui gesnent les consciences, & qui rongent les ames scrupuleuses, assez martyrisees de leurs interieures tremeurs. Certes il est messeant, non toutesfois prohibé, d'exiger vne debte au iour de feste, mais de la payer il est commandé en quelque iour qu'elle soit repetee; l'on m'entend assez. Traittons cecy grauement & modestement. Ouy mais, replique l'ame timoree, comment
1. Reg. 21. fit Achimelech auāt que bailler les pains
de

de propoſition à Dauid? Ouy mais, repliquera l'ame reſoluë, Chriſt ſera-il contraire à ſoy-meſme, & voulez-vous rendre ſes Sacremens incompatibles, l'Euchariſtie eſt le tres-grand Sacrement, & le Mariage eſt vn grand Sacrement, pourquoy ſ'entr'empeſcherõt-ils l'vn l'autre? Que ie veux de mal à ceux qui regardent l'acte iuſte & charitable du mariage, comme le brutal & abominable qui ſe commet hors ce ſacré lien. Allez, ames trauerſees, allez, apprenez à penſer ſainctement de ce qui eſt ſainct, de ce qui produict les Saincts, de ce qui eſt poſſedé en ſanctification : en vn mot, apprenez à penſer d'vn Sacrement, & grand Sacrement, ſacramentellement. C'eſt chercher des nœuds en vn jonc que ſ'arreſter à ces pointilles : & ſouuenez-vous que les premiers Chreſtiens, quoy que laïques, communioient tous les iours, & ſi eſtoient dans le mariage, & benits de la fertilité des enfans : ce n'eſt pas pourtant que ie vous appelle à la Communion quotidienne, mais cela regarde la circonſtance du temps que nous reglerons en ſon lieu.

Or ie diſtingue d'abondant ceux qui

meinent vne vie ciuile dans le siecle en trois bandes ou classes, les premiers ie les appelle simplemẽt Chrestiẽs, les seconds Deuots, les troisiesmes, & de plus haut estage, Spirituels. I'entends par les premiers, ceux qui ont la foy Chrestienne, nullement les œuures, ces gens de la Cathegorie, *d'à tout le moins vne fois l'an*, ou biẽ ces Chrestiens que l'on peut nommer de l'ancienne loy, laquelle commandoit que deux ou trois fois l'an l'on se presentast au Temple, cõme ces gens peuuent faire à la saincte Table, mais le cœur tellement possedé, sinon du peché, au moins des affections du peché, qui soudain apres la bonne Feste, les voyla retombez en leurs fautes precedentes, & r'engorgeans leurs vomissemens; gens miserables, qui ont l'entendement esclairé des veritez de la foy, la volonté nullement eschauffee au bien, gens desgoutez du Man, *& qui estiment à rien la terre desirable*, tiedes *& vomissables en la bouche de Dieu.* Helas! que ceste classe est ample dans le monde.

I'entends par les seconds ceux qui s'efforcent de viure selon les cõmandemens de Dieu, qui chargent volontiers *ce doux & suaue joug*, gens qui haïssent le mal, ne l'affectionnent nullement, qui ayment le bien, mais le practiquẽt neantmoins auec peu de ferueur, personnes simples & bonasses, fideles & exactes és exercices de leurs charges & vacations : heureuses ames, & qui meritent beaucoup pour l'horreur qu'elles ont du vice, & de l'estime qu'elles font de la vertu, bons Israëlites, *& gens sans dol*, aussi practiquent-ils souuent les Sacrements de Penitence & d'Eucharistie, & sont en voye de salut. I'entẽds par les troisiesmes ou Spirituels, ceux qui non seulement sont de creance Chrestienne, & de vie deuote, mais qui prenãs des aisles de *Colombe ou d'Aigle*, volent au repos de la contẽplation, *& volent sans defaillir, allans tousiours en auant*, cõme les oyseaux du Prophete, *cheminans aux choses anterieures, & montans de vertu en vertu pour tascher de voir en Syon le Dieu des Dieux.* Ce sont ceux qui practiquãs les exercices de pieté auec plus de ferueur, de zele & d'affectiõ, s'exercent encores à la saincte Theologie mystique, sçauoir l'oraison, où ils rencontrẽt des lumieres qui les fõt marcher plus droit és sentiers diuins emmy les tenebres du siecle. Or ces ames illuminees & clairvoyãtes, doiuent sans doute participer plꝰ souuẽt que les autres aux mysteres diuins. A tant de la circonstance des personnes.

II. Mais ie sçay, mes bien-aymez, que plusieurs d'entre vous m'attendent auec vne saincte impatience à celle des temps, & c'est où me porte ma seconde pointe, à laquelle ie viens auec autant de desir de vous satisfaire, comme ie preuoy qu'il est malaysé : car à vray dire, ce n'est pas chose qui se puisse facilement determiner en general, & les discours de la chaire sont tous generaux. Or le cõseil de la frequentation de ce Sacrement se doit donner selon l'estat interieur de chacun en particulier : & comme cét estat a ses accez & remises, *par ce que l'homme variablement misera-*
Iob. 14. *rable, demeure rarement en vn mesme poinct,* aussi modere-t'on ceste frequentation selon la difference de ces saisons spirituelles. Mais allons d'ordre pour mieux recognoistre le tout.

La Communion annuelle est cõmandee par l'Eglise sur peine de peché, pourtant n'auons-nous que faire de recommander ce qui est ainsi commandé. Or ce seroit vne erreur contre la foy que de reuoquer en doute si ceste Espouse de Dieu, nostre chere Mere, peut faire de pareilles loix pour le bien de ses enfans, puisqu'elle a l'assistance continuelle du S. Esprit qui parle par sa bouche; *Or quiconque resiste à l'ordre, resiste à l'ordonnance de Dieu.* Ie diray seulement que ceste loy ne regarde que les oüailles lètes & paresseuses, qu'il faut *comme presser d'entrer* aux pastis. Esprits mal nez qui comme forçats ne voguent qu'à force de coups, & qui ne s'éueilleroient iamais de la lethargie du peché qui les tient assoupis, sinon par de vehementes pinçades. Ce sont de mauuais debteurs que ceux qui ne payent que pressez par la Iustice, *Dieu ayme des seruiteurs alaigres, & veut des Sacrifices volõtaires.* La mere-goutte du vin qui vient sans pressoir est la plus exquise, & la myrrhe premiere & libre qui decoule de l'arbre sans estre esgratigné est la plus odorãte & precieuse. Quel d'entre nous feroit cas d'vn valet qui ne le seruiroit que par cõtrainte? c'est à faire aux esprits abjects & coulpables de n'aller deuant le Iuge que tirez par le collet, les genereux & innocens y vont franchement & sans se faire traisner. Ces ames qui ne communient que pour rendre à Pasque le tesmoignage de leur Religion, cõme elles sõt destituees du vray amour, aussi sont-elles en vne cõditiõ miserable, & de faict leurs œuures font assez reco-

Rom. 13.
2. Cor. 9.
Psal. 53.

gnoiſtre leur peu de pieté. Il y en a d'autres vn peu plus attachez, non pas à la deuotion, mais à l'exẽple, qui ſe contentent d'approcher de la Table trois ou quatre fois l'an au principales ſolemnitez, ces gens ſemblent vouloir ſeruir Dieu par quartier: ie relegue toutes ces perſonnes en la premiere de ces trois claſſes que nous diſions tantoſt.

Certes pour ceux de la ſeconde, & qui veulẽt faire quelque eſtat de la deuotion, la plus eſloignée diſtance des Communions, eſt, à mon aduis, d'vn an Lunaire, c'eſt à dire, d'vn mois, outre les principales ſolemnitez de l'Egliſe: ainſi ils ſeront pareils à cét arbre de l'Apocalypſe, qui porte ſon fruict douze fois l'an. Ainſi ce Soleil des Sacrements parcourra en l'annee les douze manſions de leur myſtique Zodiaque.

Quant à la Communion hebdomadale, S. Auguſtin la conſeille indifferemment
2. Tim. 3. *à tous ceux qui veulẽt pieuſemẽt viure en I. Chriſt*, & de faict il sẽble que ce ſoit le ſentiment de l'Egliſe, laquelle pour la tepidité & froideur des Chreſtiens à s'approcher de la Table ſacrée, a eſté comme conuiée d'inſtituer la ceremonie du pain benit és

Messes parrochiales des Dimanches, pain qui sert comme de symbole & de marreau d'vnion à ses enfans. Il est donc tres-conuenable à ceux qui veulent embrasser la deuotion, de ne passer aucune sepmaine sans participer à ce Sacrement adorable: au iour Dominical ils se doiuent repaistre de ce pain Dominical, pain du Seigneur, ains pain qui est le Seigneur mesme: outre les Dimanches, ils pourront encor s'en approcher aux Festes, ausquelles il leur sera conseillé & permis par leurs directeurs & peres spirituels.

Quant à la Communion quotidienne, certes comme ce seroit imprudence notable de la conseiller indifferēment, aussi seroit-ce vne impudence insupportable de la blasmer indistinctement. Il m'est aduis que les Prestres qui viuent dans le siecle, signamment les Prelats, ne peuuēt alleguer aucune excuse legitime qui les puisse dispēser de celebrer tous les iours, car outre leur Communion particuliere, leur sacrifice regarde le general de l'Eglise qui en a tousiours besoin. Ce n'est donc pas vn simple defaut de pieté à eux de ne celebrer point, mais

comme ie pense vne espece d'impieté & de cruauté enuers les viuans & les morts, pour lesquels ils doiuent offrir *l'oblation*
Malac. 1. Dan. 8. *munde, & le Sacrifice cõtinuel.* Pour cõmunier tous les iours, j'aduouë que non seulemẽt il faut estre hors du peché, mais encor qu'il faut auoir faict quelque progrez en la victoire des imperfections. Et qui ne voit que la cõditiõ des Prestres les oblige à aller encor plus auant que cela dans la perfection? Pour les personnes laïques ausquelles ceste dispositiõ se rencontreroit, certes on ne peut bonnement determiner ceste communion iournaliere sans grãd discernemẽt particulier. Les vefues & les vierges y ont sans doute tousiours plus de conuenance que les personnes mariees, bien que d'ailleurs il se trouue des ames attachees au mariage qui ont de plus grandes vertus que beaucoup de vefues & de vierges. Ie penserois donc en general, sans aucune determination, que les ames non seulement deuotes, mais encor spirituelles, & qui ont quelque lumiere & aduãcemẽt és choses de l'esprit, pourroient vtilement cõmunier tous les Dimãches & toutes les Festes cõmandees par l'Eglise, & és sepmaines qui se recõ-

treroiẽt ſans feſtes ce qui eſchet raremẽt, cõmunier le Ieudy, ſelon le ſiecle auquel nous viuons, il me ſemble que pour aller plus auant, il faut des ames d'élite, & iudicieuſement examinees.

Certes, ſi ſemble-t'il, que le ſentiment & deſir de l'Egliſe manifeſté au ſainct Concile de Trente, ſeroit que ce tres-diuin Sacrement ſe frequentaſt bien fort ſouuent, puis qu'elle declare qu'il ſeroit à ſouhaitter que les fidelles fuſſent diſpoſez à ſe communier aux Meſſes qu'ils entendent, ſans toutefois en faire vn precepte, mais inſinuant ſimplement ce conſeil: *O que ne viuons nous en ſorte*, comme dit ſainct Ambroiſe, *que nous fuſsions diſpoſez de receuoir tous les iours ce pain quotidien & superſubſtantiel*, à l'inſtar des premiers Chreſtiens nos deuanciers, leſquels *perſeueroiẽt iournellement en oraiſon, & en la communication de ce pain* celeſte. La Manne, les pains de propoſition, le pain d'Helie, toutes figures de noſtre Verité, eſtoient en vſage journalier & ordinaire: les ombres auront elles eſté plus recherchees que n'eſt la lumiere? *hé! pourquoy mourrez vous maiſon d'Iſraël*, pourquoy mourrons nous de la mort du peché, ayans tant en main le fruict & *Act. 2.*

le remede de vie, pourquoy n'vsons nous aussi souuent de ce contrepoison du peché, comme Mitridat de son antidote,
Luc. 12. *l'ame n'est-elle pas plus que la viande, le corps plus que le vestement?* Il seroit donc temeraire, selon la misere du siecle, de conseiller la Communion quotidienne, sinon à des ames fort pures & experimentees, mais aussi parce qu'il s'en peut encores trouuer quelques vnes qui auroient les conditiõs idoines: ce seroit vne effronterie manifeste de blasmer aucune personne pour vne si saincte action, & tomber dans le reprehensible murmure du Pharisien, reprenãt la saincte Penitente parfumant les pieds
Rom. 14. du Sauueur: disons apres sainct Paul, *que celuy qui mange* souuẽt ceste viande celeste, *ne mesprise pas celuy qui s'en abstient*, par humilité, mais aussi que *celuy qui s'en abstient* par humilité, *ne sindicque mal à propos celuy qui en vse plus frequemment*, se contentant s'il ne veut loüer ceste pieuse frequentation, de ne la blasmer pas, selon le traict de sainct Augustin, que la B. Catherine de Sienne retorqua ingenieusement contre celuy qui le lançoit, à intention de controoller la Communion iournaliere.

Or ie sçay qu'il y a des ames lesquelles

ſe portent volontiers aux extremitez, & voulants voler ſans aiſles, veulẽt participer (flattees d'vne deuotion ſenſible, meſlee de quelque amour propre) à ce myſtere plus ſouuent que ne porte leur capacité, *ames zelees, mais ſans ſciẽce*, & qui ont plus beſoin de bride que d'eſperon, pareilles à ce diſciple d'Antiſthene, tellemẽt amorcé des diſcours de ſon maiſtre, qu'õ ne l'en pouuoit deſtacher qu'à viue force: & à ces enfans tant affriandez de la mãmelle, que l'on ne peut preſque venir à bout de les ſevrer, quand le primtemps eſt beau; les abeilles ſe gorgent ſi fort de fleurs, qu'elles oublient à faire leurs iettons ou mouſchons, ainſi ſouuent il arriue que la licence de communier ſouuent, porte certains eſprits à tel point qu'ils oublient les fonctions de leur vacation, tellement abſorbez en la contemplation, qu'ils laiſſent l'action à laquelle le deuoir les oblige, ce qui eſt tomber en vne deuotion deſreiglee: & comme le ſucre, pour bon qu'il ſoit, mangé en trop grande abondance, engendre des vers en certains eſtomacs mal diſpoſez, ainſi la trop frequente participation des diuins myſteres en certaines Rom. 10.

ames de moindre perfection, engendre, ou des scrupules, ou de certaines secrettes cōplaisances & petites vanitez, qu'il est bō de purger par quelque diette: mais tout cela doit estre reiglé par la prudence des Cōfesseurs, desquels les aduis pour ce regard doiuent estre des oracles aux bonnes ames, puis qu'il est escrit, *que les*
Mal. 2. *leures des Prestres gardent la science, & que la loy doit estre prise de leur bouche.*

III. Que si nous iettons les yeux sur les maux qui nous assaillent, & les miseres qui nous accompagnent, nous tirerons aysement de là combien ceste frequente participation nous est necessaire, puisque
Psal. 45. *Dieu est nostre refuge & nostre vigueur, nostre ayde és tribulations qui ne nous oppressent que trop.* Quel malade ne recherche la guerison, & d'où nous vient cet aueuglement d'auoir si peu souuent recours à celuy qui est nostre Medecin & nostre medecine tout ensemble? *à celuy qui a porté nos lāgueurs,*
Isa. 53. *& supporté les douleurs que nous meritions pour nos offenses?*

Quel priuilege seroit-ce à vn Courtisan d'aborder son Prince quand il luy plairoit? ceux qui possedent l'oreille des Monarques, & ont le vent de la faueur en poupe, combien sont-ils estimez? quelle grace nous est-ce de pouuoir traiter des affaires de nostre salut auec celuy *sous qui se courbent ceux qui portent l'vniuers*, si aisement & frequemment en ce Sacremẽt adorable? Certes ie m'estonne *que la grande Charité que Iesus-Christ nous y tesmoigne*, *ne presse plus viuement nos cœurs* à estancher leur soif à ceste source de vie. Iob. 9. 2. Cor. 5.

Se faut-il esbahir si nous sommes si froids & insensibles aux choses du seruice de Dieu, approchans si rarement de ce feu celeste, où se r'allument *les charbons amortis*? Si nos ames sont hectiques, maigres & languissantes, estãts si peu repuës *de ceste graisse du froment*? Si nous auions aussi peu d'appetit corporel, ce seroit signe de grãde maladie, & d'vne prochaine mort. Quel Espouse seroit censee cherir son Espoux qui ne voudroit luy parler qu'vne fois en l'annee. Il est a craindre que Dieu ne transporte & transplante sa vigne, puis que l'on neglige ainsi son fruit, ou qu'il ne la louë *à de meilleurs ouuriers*, & qui en tireront plus de profit. *Suis-ie vne solitude à Israel*, dit Dieu se plaignant, *que les chemins de Syon n'estoient point batus*, *&* *que peu ve-* Psal. 17. Psal. 147. Mat. 21. Marc. 12. Ierem. 2. Thren. 1.

noient à ses solemnitez.

Certes, entre les causes de l'heresie qui nous afflige, ie penserois que l'infrequence de l'vsage des Sacremens ne seroit pas des dernieres, puis que nous voyons que leur frequent vsage la terrasse és lieux où ils sont pratiquez plus souuent.

Sus donc, mes freres, resoluons nous de recourir desormais à cet azyle sacré,

Psal. 22. à cette *table que Dieu a mise en sa maison contre les trauerses qui nous attaquent* : *ayons esgard au*

Isa. 51. *rocher duquel nous sommes taillez*, *rattachons nous à ceste pierre viue*, *angulaire*, fondamentale, mettons la dans le nid de nostre cœur, pour nous preseruer du poison du peché, ainsi que fait l'Aigle de la pierre Ætite, pour guarantir sa couuee dés attaintes des serpens.

Cant. 1. Où la commune lecture porte aux Cantiques, *qu'il me baise d'vn baiser*, l'original Hebrieu, & la version Grecque, ont le pluriel, *qu'il me baise des baisers* : ce qui marque la ferueur de l'ame vrayement amoureuse, laquelle ne se contente pas de la rareté d'vn baiser annuel, mais aspire à de plus frequentes vnions auec son sainct Espoux. O sacrez baisers, quand serez vous sauourez comme il faut? car pour ne vous gouſter pas biẽ, on a moins de deſir de voſtre ſuauité. Ie vous laiſſe, treſ-cheres ames, dans les parfums de ces Caſſolettes diuines, plus odorantes que *le cinnamome precieux, que le baume aromatique!* Ie vous coniure, par le ſoing que vous deuez auoir de voſtre ſalut, & auancement ſpirituel de frequenter ce diuin myſtere, ſelõ l'aduis de ceux qui cognoiſſent l'interieur de vos ames, ſuiuant les circonſtances, 1. des perſonnes, 2. des temps, & 3 ſelon les neceſſitez que nous vous venons de marquer. *Eccleſ. 24.*

Cependant voicy le point de prendre congé de voſtre tres-chere compagnie: il eſt temps que ie m'en aille en Dothaïn, ſelon le commãdement du grand Iacob, cherchant mes freres. *Gen. 37.*

Mille mea Alpinis errant in montibus agnæ.

C'eſt trop retardé apres les Predications de l'Aduent, & du Careſme, en ceſte bien-aymee patrie, dont les affections enſeuelies quaſi depuis tant d'annees de reſidence, où Dieu m'a commis à la garde de ſes oüailles, ſe reueilleroient ſi ie n'y aduiſois bien, *agnoſco veteris veſtigia flammæ.*

I'ay eſté à l'inſtar du ieune Tobie beau- *Tob. 10.*

coup plus de temps en ce Rages que ie n'auois proietté ny promis, ie ne doute que mon Eglise, comme vne autre Sara, ne plore mon absence, auec des *larmes irremediables*, ie n'ay qu'vne excuse, sçauoir ce trouble miserable, qui comme vn autre poisson de Tobie, me menaçoit d'engloutissemẽt, si ie me fusse hasardé au chemin, mais, la grace à Dieu, nostre ieune Salomon a sceu si bien serener ces tempestes, *par la puissance de son bras*, que m'eshuy nous pouuons mediter nostre retour auecques seureté.

Il ne me reste sinon de vous donner de la part de Dieu la benediction, & d'implorer en contreschange du si peu de seruice que ie vous ay rendu, l'assistance de vos prieres. *Et quelle plus ample benediction*
Gen 27. *vous* sçauroi ie *desirer*, *que celle* du bon Isaac à son Iacob, qui n'est autre que la iouïssance des fruicts de cet inenarrable mystere que ie vous ay annoncé pendant ceste Octaue: puis qu'en iceluy est *la rosee des cieux, & la graisse de la terre*, sçauoir la diuinité humanisee, & l'humanité diuinisee du fils de Dieu. Ie le prie qu'il vous comble de la multitude de ses graces, & *de l'abondance de ce froment & de ce vin*, changez

gez en son corps &en son sang. Que peut *on adiouster à cela*, puisque c'est la possession de celuy qui est non l'infiny seulement, mais l'infinité mesmes?

Et de ma part, ie vous demande, ô! Prestres de ceste Eglise saincte, mes Venerables freres, que vous vous souueniez de moy pecheur, & Prescheur miserable, en vos sacrifices ordinaires, & vous mes tres-cheres ames, en vos sainctes Communions. Plorez doucement sur la misere de mon ame, *vostre petite sœur*, *& qui n'a pas les mammelles* des bonnes operations, que le sainct Espoux desire. Implorez sur mon cœur la pitoyable misericorde de nostre cher *Iesus*, afin que ie ne sois pas comme le fusil, ou le Soleil, qui eschauffent, sans auoir de la chaleur en eux, comme l'encensoir parfumant, sans estre parfumé; comme l'arrosoir qui humecte sans estre humecté, en somme *que preschant ie ne sois doublement reprouué, pour auoir sceu & publié la volonté du maistre, & ne l'auoir executée*. Ainsi Dieu te face riche de son sainct Amour, tres-chere parroisse de sainct Mederic, que j'ayme & honore singulierement, pour plusieurs respects, Cant. 8.

R

& de ſang, & d'eſprit. Ainſi le grand Dieu te beniſſe, au nom du Pere, du Fils, & du ſainct Eſprit.

Ainſi ſoit-il.

FIN DES HOMELIES Euchariſtiques.

Approbation des Docteurs.

NOvs ſoubs-ſignez Docteurs en la faculté de Theologie de Paris, teſmoignons auoir veu & leu *Les premieres Homelies Euchariſtiques de Meßire Iean Pierre Camus, Eueſque & Seigneur de Belley, preſchees en l'Egliſe de ſainct Mederic, l'octaue de l'an* 1617. auſquelles n'auons remarqué aucune choſe qui ſoit contraire à la foy Catholique, Apoſtolique & Romaine, ny aux bonnes mœurs, ains tres-vtiles & dignes d'eſtre miſes en lumiere pour le public. Faict à Paris le 10. de Feurier 1618.

F. I. GOHIER
Gardien des Cordeliers.

F. P. LE FRANC.

Extraict du Priuilege du Roy.

PAR grace & priuilege du Roy, il eſt permis à Claude Chappelet, Libraire Iuré en l'Vniuerſité de Paris, d'imprimer ou faire imprimer & mettre en vente vn liure intitulé, *Premieres Homelies Euchariſtiques de Meßire Iean Pierre Camus, Eueſque & Seigneur de Belley, preſchees en l'Egliſe de S. Mederic, l'octaue de l'an* 1617. Faiſant deffences à tous Libraires & Imprimeurs, ou autres de quelque qualité ou condition qu'ils ſoient, d'imprimer ou faire imprimer leſdites Premieres Homelies Euchariſtiques, les vendre, faire vendre, debiter ny diſtribuer par noſtre Royaume durant le temps de neuf annees, ſur peine aux contreuenans de confiſcation des exemplaires, & quinze cents liures d'amende, moitié à nous, l'autre moitié audit expoſant, & de tous deſpens, dommages & intereſts, comme il eſt cõtenu ès Lettres donnees à Paris le 13. Feurier 1618.

Par le Roy en Conſeil,

BERGERON.

www.ingramcontent.com/pod-product-compliance
Ingram Content Group UK Ltd.
Pitfield, Milton Keynes, MK11 3LW, UK
UKHW021131260726
13994UKWH00001B/96

9 782019 689001